U0690759

全球化下的信息本地化：
理论与实践

马嘉 著

WUHAN UNIVERSITY PRESS
武汉大学出版社

图书在版编目(CIP)数据

全球化下的信息本地化:理论与实践/马嘉著.—武汉:武汉大学出版社,2020.7
　ISBN 978-7-307-15284-7

Ⅰ.全…　Ⅱ.马…　Ⅲ.信息服务业—研究　Ⅳ.F49

中国版本图书馆 CIP 数据核字(2019)第 295134 号

责任编辑:罗晓华　邓　喆　　责任校对:汪欣怡　　　版式设计:马　佳

出版发行:**武汉大学出版社**　　(430072　武昌　珞珈山)
　　(电子邮箱:cbs22@whu.edu.cn　网址:www.wdp.whu.edu.cn)
印刷:广东虎彩云印刷有限公司
开本:720×1000　1/16　　印张:13.5　　字数:187 千字　　插页:1
版次:2020 年 7 月第 1 版　　2020 年 7 月第 1 次印刷
ISBN 978-7-307-15284-7　　定价:36.00 元

献给我的父亲马远平

前　　言

自 20 世纪 80 年代以来，本地化行业不断发展壮大，逐渐成为语言服务行业的重要组成部分。然而目前国内外学术界对本地化的研究十分有限，特别是对信息在本地化过程中的传播与转换规律的相关研究还不够。信息本地化的翻译研究起步较慢，因此信息本地化与翻译的联系与区别尚未被完全理清。这不仅制约了对信息本地化的要素、过程与方法的探讨和新兴研究领域的深入发展，而且也不利于更好地满足全球用户对信息产品的可用性需求。基于以上考虑，本书从传播学的视角比较系统地阐述了信息本地化的本质、要素、过程和方法，以此尝试构建信息本地化的理论框架与方法，为今后的研究奠定基础。

本书借鉴传播学等相关学科的理论，提出信息本地化是信息的跨文化源发传播，贯穿信息跨文化传播的前后两端，是"为实现特定跨文化传播意图，以满足最终用户信息需求的方式而进行的跨文化信息设计"。这与跨文化衍生传播的翻译有着本质不同，虽然二者在信息跨文化传播的后端多有相似。本书详细分析了作为源发传播的信息本地化中的传者(本地化设计者)、受众(信息产品的最终用户)、讯息(多模态信息)、媒介(电子媒介)、效果(可用性)和社会情境(本地)传播六要素及其相互关系，提出了聚焦于最终用户的信息本地化的文档源设计和目标文档设计的具体过程与方法。本书主张通过用户分析和可用性测试等手段提高文档多维度的可用性，尽可能满足全球用户多样化的信息需求，并通过个案分析论证在目标文档设计中采用循环设计可以切实提高最终文档的多维可用性。

本书的出版得到了信息工程大学洛阳校区欧美环太系系领导的大力支持和"会通文库"的资助，在此表示衷心的感谢。

作　者

2019 年 6 月

目　　录

绪　　论

　　"本地化"①是由英文 localization 一词翻译而来，20 世纪 80 年代末 90 年代初首先在软件公司中被使用，以有别于软件翻译(Dunne，2006：4)。目前该词通常表示"选定一个产品，把它从语言和文化上进行改造，使之适应在目标地域(按国家或地区和语言划分)的使用与销售"(Esselink，2000：3)。经过二十多年的发展，本地化已发展成为一个新兴的多语言服务产业，涉及应用软件、网站、游戏软件、手机界面、多媒体等诸多信息产品，产值达几百亿元。

　　本地化产业的形成也引起了学术界的关注，不同学科从自身的视角对本地化进行了多方位探索。软件工程学侧重研究本地化工程技术、工程管理和本地化软件开发与应用(崔启亮、胡一鸣，2011；王华伟、崔启亮，2005)，而国际市场营销学则关注本地化电子商务网站的设计与使用效果(Singh & Pereira，2005；Vyncke & Brengman，2010)。然而，本地化的主要对象——信息，却没有得到系统的研究。与此相关的翻译研究，无论是在国际还是在国内，对信息本地化的探讨大多局限于零散的概念以及翻译技术带给翻译的变化，尚没有深入系统地研究信息本地化的实质、要素、过程和方法。这显然不利于认识信息本地化现象及其规律。

---

　　①　在中国台湾该词通常译为"在地化"。

第一节　本地化产生的时代背景

本地化的兴起是信息社会的产物，是翻译在数字时代的演变。

人类及其社会自古以来离不开物质、能量和信息，在这三者的交互作用下，人类文明不断演进。农业社会和工业社会主要依靠开发利用物质与能量推动社会发展。而在后工业社会，或信息社会中，"信息成为与物质和能源同等重要甚至比之更加重要的资源，整个社会的政治、经济和文化以信息为核心价值而得到发展"（转引自郭庆光，1999：35），"信息和知识产业占据主导地位；劳动力主体……是信息的生产者和传播者"（转引自郭庆光，1999：38）。因此，在信息时代的今天，认识人类与信息的关系愈发重要。

翻译，正是随着人际交往的扩大，为跨越语言的藩篱而出现的满足人类信息需求的交际手段。它作为人类跨文化信息传播与交流的一种方式，既被打上了深刻的时代烙印，又促进了时代与社会的发展。文字出现之前，人类主要通过口语交流，不可能有笔头翻译；文字的出现，特别是印刷术的出现，极大地促进了笔头翻译的传播。自 20 世纪中叶以来，信息技术革命正深刻地改变着世界与翻译，全球化、信息化和商业化催生了本地化这一新现象。

一、全球化

经济全球化使人类的生产、消费和流通等活动在全球范围内得到整合并实时开展。生产方式由一国之内社会化大生产转变为跨越国界的针对不同市场的灵活生产。生产出的产品也不再局限于国内市场，而是迫切需要进入国际市场，赚取更大的利润。由于各国的语言文化不同，经济的全球化必然带来信息跨文化传播与交流的大发展。这些变化带给翻译的绝不仅仅是翻译量的急剧增长，更是翻译模式的巨大改变，翻译既要适应产品全球同期发布（simultaneous shipment, i. e. simship），又要充分考虑世界市场的多样性，在传播速度与质量上跟上时代的要求。

二、信息化

人类社会的信息化使得信息的生产、处理和传递成为生产力和实力的根本来源。这在经济领域尤为突出，无论是公司、地区，还是国家的生产力与竞争力，基本上取决于它们创造、处理和有效应用以知识为基础的信息的能力。翻译作为跨语言信息处理的有效工具自然在信息化社会中扮演着愈发重要的角色。

信息化社会出现的三个新趋势改变了传统文本的特性。第一，文本不再是产品可有可无的附属品，而是产品不可或缺的组成部分。第二，产品本身的信息比例不断提高。有些产品本身（如软件）就完全是多种信息的集合。第三，电子文本的广泛应用，多种符号元素，特别是非语言信息（如图形、颜色、声音等）融入文本。这三种趋势在软件与网站等信息产品中表现得尤为明显。传统翻译已不能独立满足人们对信息产品的使用需求。

三、商业化

资本主义商业化随着全球化的深入渗透到世界的各个角落，影响并改变着各行各业。传统的翻译行业已逐步发展成为语言服务行业，提供"翻译与本地化服务、语言技术工具开发、语言教学与培训、语言相关咨询业务"等各种与语言信息相关的服务（郭晓勇，2010：34）。在激烈的商业竞争中，"顾客至上"的服务理念逐渐成为成功经营者的信条，如何最大限度地满足信息产品最终用户的多种需求，形成自身的竞争优势，对语言服务公司的生存与发展变得愈发重要。

这三种趋势相互作用，共同影响着人类信息的传播与交流。经济全球化使得发达国家的影响力不断深入到世界绝大多数社会的政治、科技、传媒、文化、价值观和生活方式等各个方面。"信息和知识成为流通领域的最主要的商品"（邵培仁，2000：106），信息商品化趋势逐渐形成。

　　与此同时，人们对信息的需求也随着全球通信、卫星和互联网的建成而急剧膨胀，希望实时掌握全球有价值的信息。而翻译的发展却一时很难在信息数量、质量和速度上满足社会大众的需求。信息社会需要新的跨文化信息传播模式。

　　本地化正是翻译这一古老行业在世纪之交应对全球化、信息化和商业化所做出的"哥白尼式的变革"（Dunne，2006：1），并进一步促进了人类社会全球化与信息化的发展。

第二节　本地化行业的演变与发展

　　本地化行业与软件等信息产业有着密不可分的渊源，其演变发展既有其内在规律，又离不开其外在商业运作模式的转变。根据本地化的对象、过程与技术手段以及商业运作模式，本地化近三十年的发展历程可以大致划分为三个时期。

一、发轫期：20 世纪 80 年代至 90 年代初

　　本地化主要是伴随着软件企业向国际市场的扩展而兴起。一款新的软件要占领国际市场，就必然要对它所包含的信息进行改造，以适应不同目标市场。所以对软件中的文字进行翻译就必不可少。除文字之外，软件中需要改变的还包括日期、度量衡、货币、输入法等其他文化符号体系。而且信息的成功转换并不意味着软件自然就会成为顾客满意的产品。在信息转换的同时还需要技术上做出相应的调整与测试才能保证产品的可用性。这些工作超出了传统翻译的范围，软件业以"本地化"这一新概念来指代软件产品进入他国市场所必经的语言、文化和技术改造过程。

　　软件本地化起初是在软件产品研发出来后再进行翻译与测试，但这种模式效率低下，成本高昂，本地化后的软件进入国际市场的时间严重滞后于原版软件。所以逐渐出现了在本地化开始之前先对软件进行"国际化"的过程，即"在技术层面确保一个产品更易被改造为当地市场产

品的设计过程"(张莹，2011：77)。例如，为了能够显示亚洲双字节语言，软件的原设计代码就必须由单字节改为双字节。再比如，需要翻译的文字要能被很容易地从源代码中提取出来，不能设计成硬代码。此外，"一些很难用的语言或文化因素将被删减"(张莹，2011：77)。经过国际化的软件可以更加便捷高效地进行多语言本地化，这大大缩短了多语种软件的上市时间。

这一时期各软件公司多采用自己内部研发的翻译辅助软件来协助完成多语言软件的本地化，其性能不是很稳定，没有达到商业推广的标准。而本地化的运作主要集中于软件公司内部的翻译和技术团队，或者交由公司海外分支机构来完成。

二、确立期：20 世纪 90 年代中期至 21 世纪初

从 20 世纪 90 年代中期开始，随着本地化业务量的急剧增长，软件公司逐渐把本地化业务外包给专业的本地化服务供应商，而不再自己完成产品的本地化。由此也催生了一批由传统翻译公司转变而来的本地化公司。此外，本地化行业协会、研讨会、专业期刊的出现也促成了这一新兴行业的最终确立。

在这一时期，互联网的兴起和发展使得网站本地化成为本地化业务新的增长点。就本地化的工作方式而言，软件本地化与软件研发结合得更加紧密，几乎是同时进行，从而确保新软件与其多语种版本做到全球同期发布，以最短的时间占领国际市场。而网站本地化则呈现出不同的特点。由于网站内容的更新频率远远高于软件的版本升级频率，所以网站本地化不像软件本地化那样以项目为基础一次性完成，而是以规划为基础需要多次持续不断的翻译与测试。为了充分利用以往的翻译成果，本地化公司大多采用了比较成熟的商业化的计算机辅助翻译软件，如 Trados、Wordfast 和 Déjà Vu 等，大大提高了本地化的效率与质量。

三、发展期：21 世纪初至今

进入 21 世纪，本地化的对象逐渐扩大到电子商务、多媒体课件、游戏软件/网络游戏等信息技术涉及的各个领域。专业的本地化软件（如 Alchemy Catalyst 和 SDL Passolo）与可兼容的开放式技术标准（如 TMX 和 XLIFF）的出现，使得本地化对译者的技术素质要求进一步降低，使他们能够更加专注于所擅长的语言问题。大型跨国公司为了实现其全球化战略，更好地运作其多语言信息资源，纷纷采用了内容管理（Content Management System，GMS）和全球化管理系统（Global Management System，GMS），进一步提高了本地化的自动化程度，并且已出现与本地化服务供应商建立长期合作关系的趋势，以确保其全球本地化战略的可持续实施。

第三节　本地化研究现状

本地化行业从无到有经历了近三十年的发展，成为多语言服务行业中的支柱产业，并依靠新技术不断创新拓展。本地化从业人员编写了一些行业手册，介绍本地化的实际操作和不同本地化工具的运用，并总结了不少成功经验与失败教训，提供了较为丰富的案例。然而，本地化理论在翻译研究中却大大滞后于行业发展，至今仍是个冷僻的研究领域，仅仅停滞于几个基本概念上，缺乏系统深入的理论探索。这其中既有该研究领域自身的原因，也受制于研究者的集体盲点。下面从行业内部、市场营销学和翻译研究三个领域对研究现状做一番梳理。

一、行业内的探索

本地化行业经过近十年的发展，20 世纪 90 年代初逐渐形成产业，1990 年在瑞士成立了非营利性的本地化行业标准协会（Localisation Industry Standard Association，LISA），其目的是"促进本地化和国际化行业的发展，提供机制和服务，使公司间能够交换和共享与本地化、国际化相关的流程、工具、技术和商务模型等方面的信息"(杨颖波等，2011：4)。该协会的网站及其网上刊物《全球化通讯》(*The Globalization Insider*)上刊登了众多关于全球化、国际化、本地化和翻译的文章，介绍本地化的概念与技术，推广成功的商业经验，确定通用的本地化技术标准，有力地推动了本地化行业的发展。它所提出的全球化①、国际化和本地化的概念得到了业界的普遍认同。

我国在 2005 年出版了《软件本地化》，首次比较系统地介绍了软件本地化的概念、流程与技术(王华伟、崔启亮，2005)。而《本地化与翻译导论》则从本地化基础理论、本地化技术实务和本地化技术专题三方面对本地化行业知识进行了梳理与提炼，比较完整地勾勒出行业概况(杨颖波等，2011)。

本地化从业人员，从软件公司的本地化经理、软件工程师、市场营销经理到本地化服务供应商的项目经理、翻译人员、本地化工程师、桌面出版人员，都从自身参与本地化过程的亲身体会中，介绍并总结了本地化实务所涉及的各个领域，包括本地化的成本核算、本地化与全球化战略的关系、多语言项目管理与技术、本地化技术的兼容性、计算机辅助软件在本地化中的应用、本地化的软件工程技术、桌面出版技术与技巧、全球化内容管理系统、本地化中的文化因素与本地化测试等。

这些经验无疑是研究本地化的宝贵资料，但从业人员往往囿于自身经验，仅从与自己工作相关的一个侧面来讨论本地化面临的问题与解决方法，缺乏比较系统全面的分析。例如，软件出版商的本地化经理比较关注本地化的成本、交付时间和质量，本地化工程师则强调本地化中软件工程的复杂性，而翻译人员则关心本地化软件或计算机辅助软件是否好学易用。这就造成了"盲人摸象"：从事不同本地化工作的人对本地化的看法往往存在差异，甚至冲突。仅以本地化与翻译的关系这一论题

---

① "全球化解决产品在全世界销售的商业问题。在高科技产品的全球化过程中，这涉及在适当的国际化和产品设计之后，以及在世界市场上的市场营销和售后支持中把本地化融入公司运营的全过程。"(Esselink，2000：4)

而言，本地化的技术和管理人员认为翻译仅仅是本地化项目的一个组成部分，而且其重要性远不如本地化的工程技术，认为后者才是本地化真正增值的部分；而参与本地化的翻译人员则认为本地化也无非就是"在计算机上为计算机翻译"(Dunne, 2006: 1)，除了使用计算机辅助软件外，与传统翻译也没有太大区别，最多是一类特殊的翻译。

二、国际市场营销学对网站本地化的探讨

自20世纪90年代起，随着国际互联网的普及，电子商务逐渐成为重要的国际营销手段，各大跨国公司纷纷建立了自己的多语公司网站，希望在全球市场中树立品牌形象，宣扬公司理念，推销公司产品，扩大市场份额(Maynard & Tian, 2004)。因此，网站的本地化成为国际营销学中一个新的研究领域。它是传统国际营销学中营销标准化与差异化争论在网络传播模式中的延续。学者们主要关注以下三个方面：

第一，研究各国当地的公司网站，确定网站的设计特点与当地文化价值的关系。具体而言，大多数学者采用了 Hofstede 与 Hall 跨文化交际理论中的"文化价值论"，从集体主义、个人主义、确定性偏好、权威敬畏、阳刚特质、强语境依赖性以及弱语境依赖性这七个不同的文化维度来分析公司网站的哪些设计特点反映了当地的文化价值。例如，学者们发现集体主义盛行的国家(如东亚)的公司网站，往往具有会员俱乐部或聊天室、新闻简报、家庭主题、代表国家身份的象征符号和图片等特征，而推崇个人主义的国家的公司网站往往具有隐私声明、体现个人独立精神的元素、产品独特性说明和个性化设置这四个特征。(Singh & Pereira, 2005)这些研究不但确定了网站特征与不同文化的密切联系，为网站本地化提供了有效参考，还为定量评估网站本地化程度打下了基础。

第二，通过对各国消费者的调查，探讨多语本地化网站是否的确比国际化的英语网站更受欢迎，更容易获得当地人的信任，从而更有效地促成他们形成购买意愿。

　　这类研究又可以按照研究对象分为两大类。

　　第一类主要研究特定网站设计特征对不同文化消费者的影响力。例如，学者们通过实证发现网页上添加安全锁的图标对确定性偏好度高的文化中的消费者有积极意义，而对确定性偏好度低的文化中的消费者则效果不明显。再比如，网页上的人物形象对集体主义文化与个人主义文化的消费者都有正面影响，但是集体的人物形象对前者更有效，而个人形象对后者更有效。（Vyncke & Brengman，2010：16）

　　第二类从网站的宏观设计特点上来确定本地化网站是否比非本地化网站更能打动当地消费者。学者们提出多种研究假设，通过问卷调查让双语消费者比较评价同一跨国公司在当地的网站和其在另一国家的英语网站，或者比较评价实际的本地化网站与根据研究结果改进后的网站，发现从总体上来看，本地化的网站更受欢迎。（Vyncke & Brengman，2010：26）以上研究大大打消了市场营销经理们的顾虑，为商业网站的本地化提供了强有力的理论支持。

　　第三，提出评估跨国公司多语网站本地化程度的模式，分析影响网站本地化的非文化因素。既然本地化的网站对各国消费者往往具有积极正面的影响，那么就应当进一步推动网站本地化的发展。但首先需要掌握评价网站本地化程度的科学方法，才能知道是否应当改进。目前主要有三种评价体系。

　　第一种就是上文提到的"文化价值分析法"。Singh 把是否具备会员俱乐部或聊天室、新闻简报、家庭主题等总共36个网站设计特征分别归入集体主义等七个文化价值，再通过两名母语为当地语言的消费者对本地化网站有无这些特征分别进行判断计算，从而得出该网站的本地化分值。（Singh & Matsuo，2004；Singh et al. ，2006a；Singh et al. ，2006b）

　　第二种是 Singh（2009）与 Chao（2012）等人提出的另一种内容统计分析法（content analysis），主要从网站内容本地化（content localization）、文化针对性（cultural customization）和翻译质量（translation quality）三个方面来评判网站本地化的程度。内容本地化考察本地化网站在顾客服务、经营政策、网站导航、电子商务和翻译广度这五个方面是否与公司的英语网站做得一样出色；文化针对性指恰当运用色彩、图形和设计元素以及通过向当地消费者提供具有地方特色的产品与服务的方式使网站内容适应当地文化；而翻译质量是评估英文网页在翻译中是否实现了概念上、词汇上与习语上的翻译等值。除翻译质量外，前两个方面又各自细分出五个小项。但与第一种方法不同的是，消费者在评价每一小项时不是以该元素的有无，而是按照事先设计好的五级评价体系来做出判断。例如，在文化针对性的"网页结构"这一小项中，该评价体系由低到高分别是标准化的结构、大部分标准化的结构、具备一些差异化的结构、本地化的结构和高度本地化的结构，最后再把各小项的结果综合起来得出对整个网站的评价。这种方法可以更准确地评判网站本地化的不同程度。但其不足之处也是显而易见的，翻译质量的评价相比其他两项指标过于简单，不具有同等的可操作性，很难客观准确地反映出网站本地化的语言质量。

　　第三种评价工具主张从有用性（usefulness）、易用性（ease of use）、娱乐性（entertainment）和补充性关系（complementary relationship）四个方面共十二个要素来评价网站质量。这十二个要素依次是：可满足特定任务的信息、可定制的信息、对网站的信任、网站响应时间、易于理解的信息、网站操作的便捷性、网站的视觉吸引力、网站的创新性、网站的情感魅力、统一的公司形象、商务功能的完整性和相对于其他沟通媒介的比较优势。（Loiacono et al. ，2007）

　　作者虽没有具体定义这四方面的含义，却明确了各要素的具体评判标准。例如，"有用性"中的第一个要素是能够提供"满足特定任务的信息"（informational fit-to-task），其判断依据有三："第一，该网站上的信息正是完成我上网任务所需要的；第二，该网站充分满足了我的信息需求；第三，该网站上的信息使用效果良好。"（Loiacono et al. ，2007：83）这些看似主观的要素其实都是经过科学严谨的提炼分析得出的，并且经过了统计学上的可靠性测试（reliability test）和判别式有效性测试

10

（discriminant validity test），确保其相互的排他性与各自的正确性，得到了其他学者的肯定（Vyncke，2010）。

该方法虽不是针对本地化网站质量的评估，但由于其研究样本中包括了各种类型的网站，因此得出的结论具有一定的普遍适用性。从中我们可以看到，网站信息对于网站质量至关重要，这些网页信息不仅要对网站用户有用，还要好用、易用，这样才能提升用户对整个网站的满意度。

国际营销学的学者们在利用以上评价工具研究比较了众多跨国公司的多语网站后，一方面肯定了这些方法的有效性，另一方面也发现了一些单从文化价值角度无法解释的本地化现象。例如，有学者在研究了欧美跨国公司的俄语和土耳其语的本地化网站后发现，这两国的网站在"产品有效性"这一评价标准上并没有体现出两国文化的阴柔特质，反而表现出了欧美文化所具有的阳刚特质：强调产品的耐用性、出众的品质和强大的功能等。他们认为这是跨国公司出于建立强大品牌形象的考虑而采取的市场营销策略。（Yalcin et al.，2011：110）也有学者发现网站语言的本地化对差异化大（以价格范围为衡量标准）的产品（如相机和电子手表）比对差异化小的产品（如笔记本电脑和微波炉）更为有用，可以赢得消费者对产品更高的评价。（Warden et al.，2002）换言之，不同类型的产品的本地化效果会存在差异。（Verhagan et al.，2010；Lynch et al.，2001）因此，影响网站本地化的因素不只是文化价值，还包括当地的经济、政治与法律环境等其他一些社会因素（转引自 Vyncke & Brengman，2010：18）。

总之，国际营销学通过定量与定性相结合的方法确定了网站设计特征与不同文化价值的关联性，在一定程度上证明了本地化的网站更容易为当地消费者所接受和认可，提出了评估网站本地化程度的多个模式，同时还揭示了一些影响本地化策略或效果的社会因素。但他们的研究还存在以下两点主要不足：

第一，在影响网站文化接受度的特征分析中对网站的信息特征尚缺乏比较深入的研究。虽然学者们基本认同网站信息的重要性(Mckinny et al.，2002：308；Cyr，2008；Ha，2004；Ruparelia et al.，2010)，甚至将其视为网站中最重要的元素，比信息导航、视觉设计、网站功能和互动功能都重要。大多数研究对网站的非信息设计特征(如隐私与安全保护、导航设计、视觉设计等)与消费者对网站的信任度和满意度都有比较充分的论述，但对信息设计带给消费者的影响往往论述得比较简略。例如，有学者调查论证了"网站信息的质量与消费者对品牌的信任度正相关"，但没有进一步明确信息质量的内涵，只是笼统地提到，网民对定制的信息非常感兴趣，而无关信息反而会减少消费者对产品效能的信心。(Ha，2004：332)在有限的专门探讨本地化网站信息设计对消费者网站忠诚度的影响的研究中，信息质量仅指产品和服务信息的准确性(Cyr，2008：52)，远远不能全面衡量网站信息的质量。这里并不是说其他非信息设计特征并不重要，而是说信息设计质量在目前的研究中尚没有得到与其重要性相匹配的探讨。

第二，大多数国际营销学研究对本地化网站的信息设计没有专门的论述，而是把它作为网站整体设计的一个部分，并主张尽量与当地文化具有一致性，以获得消费者的认可(Singh & Matsuo，2004；Sinkovics et al.，2007)。这可能会给关注信息设计的人造成这样的错觉：本地化网站中的语言，特别是翻译，也应当同整个网站设计一样尽可能归化才会受到当地人的欢迎。从翻译学的角度来看，这显然是值得怀疑的。因为网站语言与网站功能等其他设计元素不同，具有很强的灵活性，完全归化的语言未必总会受到网民的青睐。而在为数不多的涉及网站信息质量的研究中，研究者们主张应当以概念等值、词语等值和习语等值来衡量网站信息本地化的质量(Chao et al.，2012：38)。这一观点对"等值"的理解过于狭窄，主要集中于词语层面，而没有考虑句子和语篇层面，而且这三种等值在内涵上也有重叠，并不科学。

这些不足一方面是由于不同学科的关注重点不同，国际营销学更关心本地消费者对网站的整体满意度；另一方面是由于国际营销学对多语网站本地化的研究是一个逐渐深化的过程，而目前尚处于起步阶段。有学者已经指出，今后的网站本地化研究不应当只局限于"前端"（front end）设计，还应当把"后端"（back end）的国际化过程纳入其中。（Chao et al.，2012）还有些学者指出，语言、文化情境和网站可用性关系密切，即使是高质量的翻译也不能确保高质量的网站可用性。（Hillier，2003；Nantel & Glaser，2008）多语网站的信息质量无疑是今后研究的一个方向。

三、翻译研究的关注

翻译学术界对本地化的关注最早始于 20 世纪末，但当时关注的重点在于软件本地化中所使用的计算机辅助软件（O'Brien，1998：115-22），而非本地化本身。进入 21 世纪，随着本地化产业的繁荣，少数翻译研究者开始注意到这一新兴领域。他们借鉴本地化行业中的概念来探讨翻译与全球化、翻译与技术、翻译与新媒体的关系。（Cronin，2003；Hatim & Munday，2004；Munday，2008；Hartley，2009）从一些论述中，可以看出这些学者大多只是把本地化作为一种与翻译相关的新现象来对待，而并没有认识到其研究价值。只有极少数研究者认为本地化中的一些概念改变了传统的翻译概念，对它们进行了分析，并提出了一些新颖的观点。（O'Hagan & Ashworth，2002；Pym，2004；Dunne，2006；Pym，2010）但他们的研究仍未引起大多数学者对本地化的重视，应者寥寥。因此翻译研究中的本地化探索才刚刚起步。

（一）国外翻译界对本地化的论述

国外翻译学者对本地化的关注首先集中于它与翻译的关系上。概括起来，大致有以下五种观点：第一，本地化与翻译没有什么区别（Hartley，2009）；第二，本地化与翻译的区别是模糊的（Munday，2008）；第三，本地化是一种新型的翻译（Sandrini，2005）；第四，翻译是本地化的一部分（Cronin，2003）；第五，本地化改变了传统的翻译概念(O'Hagan & Ashworth，2002；Pym et al.，2006；Pym，2010)。持第一和第二种观点的人对本地化的讨论往往局限于对基本概念和行业概况的介绍。持第三种观点的人注意到本地化中的翻译需要与超文本和多媒体打交道。持第四种观点的人对本地化实务有一定的了解，认同行业内对二者的定位，但缺乏对现象的理论思考。而持第五种观点的人在对本地化进行了理论思考后，发现了其有别于翻译的一些重要特征。

首先提出本地化给翻译带来概念变化的学者是 Minako O'Hagan 与 David Ashworth。两人在 2002 年出版的《数字世界中以翻译为中介的传播——迎接全球化与本地化的挑战》一书中把网站本地化视为互联网数字传媒环境中远程笔译的一个重要形式，对其特点进行了较为详细的分析，提出了网站信息的"内容"与"包装"之分，前者指信息的"词语和语言结构"，后者指网站"其他所有非文本元素以及内容表现的载体(媒体)"(O'Hagan & Ashworth，2002：67)，而这两者都是本地化的对象。因此，本地化与翻译有了明显的区别。此外，本地化中针对用户终端的语言管理、国际化等新概念和新操作都大大拓展了传统翻译实践的范围，给重新思考翻译理论提供了绝佳的契机(O'Hagan & Ashworth，2002：130)。

无独有偶，西班牙翻译理论家 Antony Pym 也较早注意到了本地化带给翻译的新变化，并成为为数不多的持续关注该领域的翻译理论家。近十年来，Pym 从跨文化传播、语言学、等值论、翻译教学等多角度对本地化进行了多方位的研究，发表了一系列论文和专著。他的这些思想集中体现在两部专著中。

在 2004 年出版的《移动的文本——本地化、翻译与文本流传》一书中，Pym 从文本跨文化流传的视角对本地化、翻译和国际化三个概念及其相互关系进行了探讨。与 Minako O'Hagan 和 David Ashworth 不同的是，他仍视本地化为一种话语行为(Pym，2004：xvi)，所以运用等值翻译理论分析了本地化中的国际化过程。他还探讨了本地化的阻碍、本地化的成本、本地化在职业化过程中出现的问题以及本地化去人性化的弊端等影响本地化的社会、经济和文化等深层因素。在此基础之上，Pym 提出了一些或许有些争议但颇为新颖的观点。例如，他认为国际化不仅包括消除源文的地域特色，还包括采用世界通用语（如国际英语）来创作源文（Pym，2004：33），并且这些做法都有利于促进不同语言文化的差异性（Pym，2004：39）。再比如，他指出翻译技术在本地化中的运用使话语失去了其线性特征，文本被分割为各个"信息单元"，从而可能导致人类传播中一些基本价值的缺失，造成"去人性化"的后果。（Pym，2004：186-187）可以说，Pym 对本地化的探讨明显有别于多数行业内人士对本地化的直观感悟。他把本地化与翻译放在跨文化传播的大背景下，参照翻译理论，对本地化所包含的深层社会文化内涵进行了剖析，其理论主张对主流翻译研究也多有启发。唯一不足的是，Pym 此书的文风晦涩难懂（Mossop，2005：368；Song，2006：86），且缺少足够的实例支持，大大削弱了其在学界的传播与影响。

　　随着本地化行业的发展，Pym 对本地化理论进行了更多的思考。他在 2010 年出版的专著《探索翻译理论》一书中专辟一章，把本地化作为与等值、目的论、描写研究、非确定性和文化翻译等理论并列的六大翻译理论范式来讨论。他提出，本地化范式是"创造人工语言和文化"来解决翻译中意义的不确定性（Pym，2010：121）。所谓的"本地"（locale）在 Pym 看来是指"影响产品使用的一系列语言、经济和文化条件"，而本地化就是为产品进入新的本地市场而准备的过程。（Pym，2010：121）在这本书中，Pym 从学科范式的角度集中探讨了本地化与国际化的关系、本地化与翻译技术的关系以及本地化带给全球文化的影响。他认为国际化在一对多的本地化中发挥了关键作用，使本地化理论成为一种全新的范式。（Pym，2010：136）而翻译记忆软件等新技术的运用不仅促进了国际化进程，还使文本的生成、使用和翻译具有非线性特征，译者常常是在有限的语境中根据固定的术语表进行词句的替换更改，因此本地化造成了"人工的"等值，似乎是等值范式在一定程度上的回归。（Pym，2010：121）本地化在全球的普及或许会造成文化趋同的趋势，但它同样为适应不同文化提供了各种可能，远远超出了传统意义上基于等值的翻译(Pym，2010：140)。

(二)国内翻译界对本地化的关注

国内翻译界对本地化的关注要晚于国际译界，而且主要集中于本地化实务与教学方面，很少对本地化进行理论研究。

褚东伟在 2002 年《商业翻译导论》一书中专辟一章"翻译业务的扩展——本地化及其他"，从翻译实务的角度简要介绍了本地化、国际化、全球化的概念，国际化和本地化的技术标准，以及本地化软件 Catalyst 的基本功能。此后本地化在翻译界似乎就销声匿迹了。

直到最近几年，随着翻译硕士专业在高校的普及，应用型翻译人才的培养逐渐受到重视，翻译界才真正开始关注本地化行业，介绍了国外本地化服务的行业及技术研究、翻译人才培养如何应对本地化服务需求的教学研究、本地化服务对翻译研究的启示和冲击(张莹、柴明颎，2011：77)。有的学者提出借鉴国外大学本地化翻译教学的理念和内容，在我国的翻译专业课程设计中开设本地化课程，以适应职业化翻译人才培养的需要(苗菊、朱琳：2008：30)另外一些学者认为，"本地化翻译人才的培养应该采取学校教育与职业培训相结合的方式，突出行业协会和专业培训机构的作用"(王传英、崔启亮，2010：76)。具体而言，本地化翻译人才不仅要具备出色的翻译技能和特定的专业知识，还要会熟练使用各种计算机辅助翻译工具，并懂得项目管理。(王传英、崔启亮，2010：76)有学者指出除以上能力外，职业翻译人才还应当具备技术写作的能力，并就技术写作课程的教学目标、教学方法及课程设置提出了具体的建议。(苗菊、高乾，2010：35；王传英、王丹，2011：69)

四、目前本地化研究中的不足

本地化行业内、国际市场营销学和翻译学这三个领域对本地化的探讨实际上代表了本地化研究的三个重要领域：本地化工程技术与项目管理、本地化市场营销和信息本地化设计①。然而，这三个领域的本地化研究都刚刚起步，不可避免地存在一些不足之处。

第一，有关研究均未能突出信息在本地化研究中的重要性。在本地化行业内，虽然"本地化是语言与技术的结合"的观点得到了不少人的认同，但是软件技术人员由于通常不精通外语、不熟悉异域文化，不但对本地化过程中可能遇到的各种翻译困难缺乏了解，而且轻视翻译在本地化中的作用。这或许是行业内重技术轻语言的深层原因之一。国际市场营销学对本地化网站的研究涉及网站信息的质量，但这在其总体研究中所占比重不大，而且主要集中于词语(如网页上的标签)的翻译质量。翻译研究一直关注于语言和文本的跨文化转换，本应对信息的本地化有更多的研究。但是翻译研究中熟悉或从事过本地化的学者相对较少，知识储备和实践经验的缺乏造成了信息本地化没有得到应有的重视。而这第一点的不足在一定程度上决定了后面几点不足。

第二，对信息本地化现象的本质没有足够清晰的认识，没有提出体现其新特征的本地化定义。本地化行业内和国际市场营销学不重视信息在本地化中的作用，自然就不可能对信息本地化有深入的探讨。而 Pym 等翻译学者一方面认为本地化给传统翻译概念带来了变化，"使本地化②成为新范式正是国际化所发挥的关键作用，国际化是准备源文的过程，使之可以迅速地同时译入许多不同目标语言"(Pym，2010：121)。但另一方面，他们没有提出体现上述变化的本地化定义，而是沿用 LISA 对本地化的定义："选定一个产品，把它从语言和文化上进行改造，使之适应在目标地域(按国家或地区和语言划分)的使用与销售"(Pym，2010：121-122)。这个定义除了明确了本地化针对的是产品而非文本外，从中很难看出本地化与翻译在概念上的不同。这或许是 Pym

① 本书把"信息本地化设计"简称为"本地化设计"。
② Pym 在此处的表述并不严谨，本地化是一种现象，而不是一种研究范式，似应表述为"本地化理论"。

等人的本地化研究在翻译界多年未引起足够重视的一个主要原因。

第三，对信息本地化研究对象的定位不够准确，没有对信息本地化的要素、过程和方法进行系统研究。相比行业内人士和市场营销学专家，翻译界学者对信息的本地化更加关注，但他们在讨论本地化时常常把翻译技术（如翻译记忆等）在本地化中的应用也作为本地化理论的一部分来讨论（Pym，2010：130；O'Hagan，2006：40）。实际上，这些翻译技术大多在不涉及本地化的现代翻译项目中也有广泛应用，它们带给翻译的影响并不能说明本地化对翻译的影响，而只能说明现代翻译技术带给传统翻译的变化。而翻译学本应关注的文本（信息）的跨文化转换规律在本地化的讨论中却并不多见，翻译学者仅仅是谈到本地化是对原文的极度改写（Pym，2006：60；苗菊、朱琳，2008：31），而并没有探究这种改写的根源。目前国内外学术界尚没有对信息在本地化转变过程中涉及的各种要素，如本地化的技术写作者、译者、本地化的最终用户、本地化中的文档、本地化的媒介、本地化的效果和本地的社会情境等一一进行深入分析，也没有探讨这些要素在信息本地化过程中的相互关系与作用，更没有具体研究信息本地化的特有方法。

第四，对信息本地化在用户中的实际使用效果研究不多，本地化后的信息可用性问题尚未引起翻译界和本地化行业的足够重视。国际市场营销学对网站信息本地化在用户中产生的效果仅有一些零星的研究（Loiacono et al.，2007；Hellier，2003），且不深入。而翻译研究中对本地化后信息可用性的研究至今仍处于空白。然而可用性却是关系到本地化产品能否获得成功的至关重要的因素。在软件本地化行业内，本地化结束前本地化服务商通常要对软件进行本地化测试，"通过运行本地化软件来寻找和发现缺陷"（杨颖波等，2011：33），主要包括安装和卸载测试、本地化语言测试、软件外观测试和软件功能测试（杨颖波等，2011：35）。其中的语言测试"主要是测试语言翻译是否正确、完整、一致"（杨颖波等，2011：35）。然而，本地化测试通常没有产品的最终用户参与其中，而只有测试工程师、测试主管和测试项目经理等人参与。它虽然可以发现本地化软件的一些比较严重的缺陷(杨颖波等,2011:33),但不能准确评价产品在真实用户中的实际使用效果,特别是无法有效评估产品在用户中的可用性。这就有可能导致翻译正确和功能正常的软件并不好用,不能实现真正的"用户友好"。

第四节　本书的意图

本地化行业内,国际市场营销学以及翻译研究都为本地化研究提供了不少有价值的观点。相比而言,对信息本地化讨论较多的还是翻译研究。然而,即使是对本地化研究较早的国际译学界对信息本地化的研究也还不够系统,而国内译学界更是尚未真正开始该领域的理论研究。以上几点不足如不能得到有效解决,不仅会长期制约信息本地化理论的发展,还不利于解决本地化实践中提高本地化产品可用性的现实问题。

本书正是基于这一点才从传播学的视角比较系统地对信息本地化设计展开研究,从传播模式的角度揭示信息本地化的跨文化源发传播本质,提出本地化设计的工作定义,在借鉴技术传播和信息设计等理论的基础上,概括分析本地化设计的要素、过程和方法,总结其中的规律,从而构建本地化设计的基本研究框架。全书共分六章。除绪论和结论外,按照"总(第一章)—分(第二章至第四章)—总(第五章至第六章)"的逻辑论述。

"绪论"置本地化于信息全球化的时代背景之中,介绍其行业演变与发展、相关学科的本地化研究现状以及本书的研究意图与思路。

第一章"跨文化传播的本地化模式"首次提出了"源发传播"与"衍生传播"的概念,分析了这两种传播模式的特征,并以此为依据详细论证了本地化与翻译在跨文化传播模式上的本质不同,最后提出了信息本地化的工作定义。

第二章到第四章分别论述本地化设计中的传者(本地化设计者)、受众(信息产品的最终用户)、讯息(多模态信息)、媒介(电子媒介)、效果(可用性)和社会情境(本地)传播六要素及其相互关系。

第二章"本地化设计的对象"探讨电子媒介在跨文化传播中的新特点，明确了本地化设计的对象——信息不再局限于语言符号，而是包括伴语言、图形、图像、色彩、音乐等多模态信息符号。由于媒介和信息载体的变化，跨文化传播的实体也由文本变为电子文档等信息产品。在全球化信息生产的过程中，多模态文档意义的构建与传统单模态文本意义的构建不同，取决于视境中多模态符号的共同作用。

第三章"本地的最终用户"首先论证最终用户在本地化设计中的中心地位，然后分析影响用户使用信息产品的各种内外因素，包括用户所在"本地"的社会文化时空、用户使用信息产品的使用情境以及用户的信息需求特点与信息接受力等信息特质，最后探讨了解用户的直接方法与间接方法。

第四章"跨文化的信息设计者：译者角色的转变"论述译者要成为本地化设计者需要熟悉跨文化信息设计的可用性理念以及需具备的素养。

第五章和第六章共同提出了本地化设计的具体过程和方法。

第五章"本地化设计中的文档源设计"分析了三种不同的全球化跨文化传播方式，指出行业内本地化实践在可用性上的缺陷，由此提出加强文档源的可用性设计，并提出针对全球通用用户重点从信息的理解、获得和利用的有效性上进行文档源设计。

第六章"本地化设计中的目标文档设计"详细论述了目标文档设计过程中的设计准备、原型设计和可用性测试三个关键步骤，并通过个案分析说明以上设计步骤与方法对提高文档可用性的有效性。

"结论"总结本地化设计的理论与方法，指出从本地化设计模式的各要素入手可确定今后研究的四个主要方向：本地化设计者研究、本地化用户研究、多模态信息产品及其可用性研究以及用户的本土情境研究，最后指出本书的意义与不足。

第一章　跨文化传播的本地化模式

要研究信息本地化首先需要明确信息本地化与翻译的联系与区别。翻译研究界通常认为，本地化与翻译都是跨文化传播与交流行为，或"语言斡旋"（linguistic mediation）行为（Pym，2002）。但对这两种行为有何差异却没有明确答案。

我们认为信息的任何跨文化传播行为都涉及前后两端：前端是信息在 A 文化中的形态，而后端是该信息在 B 文化中的形态，信息从 A 文化到 B 文化正是跨文化之意。信息本地化与翻译都是信息的跨文化传播与交流，二者在此过程的后端多有相似，但在前端却有很大不同。这其中的缘由之一是二者的传播模式不同。本章旨在从传播模式角度揭示信息本地化有别于翻译的本质特征，因为传播学的研究表明，传播模式是人们正确认识传播现象的关键，常具有下列五种功能：

（1）构造功能。它能揭示传播过程中各系统或要素之间的先后次序、排列方式、结构形态以及与外界的种种联系，可以使我们在观照、分析其中任何一个要素时能获得整体的形象，认识到这一要素和相关因素之间的复杂联系及互动图景。

（2）解释功能。即传播学者可用它来观察和分析信息传播中出现的种种现象，用来回答和解决信息沟通中遇到的各种复杂的问题，并能够以一种简洁的方式和清晰的描述将结果或答案呈现在人们的面前。

（3）引导功能。即引导研究者、决策者以及实际操作人员密切关注传播过程中的各种要素及其关系，从而积极主动地干预之、调控之，使自己的工作能始终沿着一条比较正确的轨道前进。

（4）简化功能。即接受该研究模式的传播学者的研究工作，不再需要从起码的原则和基础开始，可以跳过一些要素，简化一些步骤，集中精力和时间深入到这门学科最微妙、最深奥的理论前沿去寻金觅宝。

（5）预示功能。也就是说，它可以对某一项将要进行的传播活动的进程或者结果进行预示和预测。至少，它能够为估算信息传播的各种不同结果可能发生的概率提供依据，传播研究者因而可以据此建立假说，提出增强传播效果的可行性建议。（邵培仁，2000：45）

需要特别指出的是，本书所使用的翻译概念不是 Toury 所说的"在目标文化中无论在何种前提之下凡是以翻译的形式呈现或被视为翻译的任何目标语话语"（Toury，1985：20；转引自 Shuttleworth & Cowie，2004：182），因为这种泛化的翻译定义虽然有其描写价值，但缺乏定义的严谨性，不利于人们认识翻译的特征与本质，更不利于认清不同性质的跨文化传播与交流行为之间的区别。本书中使用的翻译概念是"严格意义上的翻译"（translation proper），即"用一种语言来解释另一种语言符号的意义"，又称"语际翻译"（Jakobson，1959/2004：139；转引自Munday，2008：5）。而且如无特殊说明，翻译在本书中仅指笔译，不包括口译。本书涉及的其他学者的翻译概念不受上述限定。

本章第一节先探讨同一语言文化内的传播模式，特别是有第三方参与的复杂传播模式；第二节提出源发传播、衍生传播以及杂合传播这三类传播的概念并分析它们的特征；第三节中，根据这些观点来分析跨文化传播现象，得出结论——翻译是跨文化的衍生传播，而信息本地化是跨文化的源发传播，并提出信息本地化在全书中的工作定义。

第一节　传播的结构模式

"模式，是对某一事项或实体进行的一种直观的简洁的描述"（邵培仁，2000：44），是"一种再现现实的具有理论性的简化形式"（张国良，1995：31）。传播学的模式有很多，但是了解传播的结构过程模式是认识任何传播现象的基础，因为结构是"构成一个事物整体的各个要素及其相互关系"，而过程是"事物运动的状态和程序"，是"一种对'结构'的动态的表述"（张国良，1995：29）。

一、简单传播模式

传播结构一般包括以下六个要素：传者（亦称"信源"），即信息的传播者；受众（亦称"信宿"），即信息的接收者；讯息，即传播的内容（在本书中称为"信息"），是"符号和意义的统一体"（郭庆光，1999：42）；媒介，即传播的渠道，也是信息的载体；效果，即传播行为对受众的影响；社会情境，即传播行为发生的具体环境。

传播的结构模式由最初的线性模式发展为控制论模式与社会系统模式，体现了学界对传播现象的认识越来越全面和深刻。

线性模式的代表是拉斯韦尔于 1948 年提出的"5W 模式"：谁（who）→说什么（says what）→通过什么渠道（through what channels）→对谁（to whom）→取得了什么效果（with what effect）。该模式第一次较为详细地、科学地把传播的过程分解为传者、信息、媒介、受众与效果五个要素，第一次明确界定了与这些要素相对应的传播学的五个研究领域：控制分析、内容分析、媒介分析、受众分析和效果分析。十年之后，布雷多克在 5W 模式的基础之上又增加了两个要素：在什么情况下（where）和为了什么目的（why），被称作"7W 模式"。但是这两种模式都没有克服线性模式的两大缺陷：第一，将传播过程看成一种单向直线传递信息的过程，忽略了受众对信息作出的反馈机制的存在，也忽略了各要素之间的相互作用；第二，没有涉及传播过程和社会的联系。（张国良，1995：33-34）

控制论模式认识到"传播能否取得理想效果，关键看传者对'反馈'重视的程度如何"（张国良，1995：36）。唯此才有可能消除传者发出的信息与受众接收的信息之间的不一致性。所以"反馈"机制引入传播过程后，单向直线性模式就变为双向循环模式。线性模式和控制论模式基本解决了传播的内部结构问题，而社会系统模式把传播过程与社会总系统(如：传者的工作环境和社会环境、受众的社会环境等)联系起来才进一步解决了传播的外部结构问题(张国良，1995：39-40)。

以上这些模式只涉及传者和受众双方，我们把它们称作"简单传播模式"。但是作为跨文化传播的翻译并不是简单模式，因为传者和受众身处两种不同文化无法直接沟通，往往需要第三方的介入才能交流。这里的第三方与传者和受众一样，既可以是个人也可以是组织，还可以是整个社会系统(Westley & Maclean，2006：157)，但他在传播中扮演的角色有别于传者和受众。我们把有第三方参与的传播称为"复杂传播"。值得注意的是，有第三者参与的传播不一定就是复杂传播，因为第三者有可能扮演的是传者的角色参与传播或扮演受众的角色接受传播。

要研究跨文化传播现象就先要研究同一文化社会中的复杂传播模式。

二、复杂传播模式

虽然以上理论对复杂传播有一定的解释力，可以把某些复杂传播看作前后相继的两次简单传播，但都不是针对复杂传播的。

传播"把关人"的理论表面上涉及复杂传播，但"把关人"是指"采集、制作信息的过程中对各个环节乃至决策发生影响的人"(张国良，1995：156)，可以说是广义上的传者，体现的是一个集体或组织作为传者的传播意图。例如，记者撰写新闻稿，发给电讯稿编辑，编辑筛选稿件后送交编辑部主任，编辑部主任再对稿件作取舍定夺，最后报主编，主编同意后才能向大众传播。表面上看，记者是传者，编辑、主编都是传播的第三方，但他们实际上都是传播的"把关人"，直接或间接地决定传播的内容与形式，"体现决策人的意志"(张国良，1995：158)。"二级传播"理论同样涉及复杂传播，但主要关注人际传播在大众传播中的效果。

Westley 和 Maclean 在《传播学研究的概念模式》一文中对复杂传播

24

有深入分析。(2006：154-163)他们提出传播中存在有目的信息(purposive message)和无目的信息(non-purposive message)，前者指"传者 A 发出的旨在影响受者 B 对事物 X 的认识的信息"，而后者指"(从事物 X)直接传递到受者 B 的信息，或者经 C 传递到受者 B 的信息，而且没有任何旨在影响受者 B 的传者意图。没有影响受者 B 的传者意图使得传者 A 的行为变为事物 X"。(Westley & Maclean，2006：159)他们从有目的信息和无目的信息引申出有目的传播和无目的传播。无目的传播中的第二种情况就是我们所认为的复杂传播。这与以上两位学者的看法不同。

这两位学者认为，在缺乏影响受者 B 的传者意图的传播中，C 要想保住其角色，必须选择适合受者 B 要求的有关事物 X 的信息或者传者 A 对 X 的观点，所以 C 不是传播者，而是受者 B 的"代理人"(Westley & Maclean，2006：157)，他传递给受者的信息是无目的信息。他们因此把有 C 参与的传播与从事物 X 直接到受者 B 的传播都归为没有传者的无目的传播。(Westley & Maclean，2006：157-161)虽然他们承认这种划分只是传者和 C 角色的规定性描述，而不是他们的实际表现(Westley & Maclean，2006：162)，但我们认为无论从规定性还是从实践上都有必要肯定第三方 C 在传播中扮演的独特而重要的角色。这一角色既有别于传者，又具有传者的某些特征，可视为"准传者"。原因有三：

首先，从传者的传播意图角度看，C 即使没有影响受众的意图，但也有他预定的传播意图，只不过该意图受其传播角色的限制，只能是按受众的要求传递传者 A 发出的信息，而传播实践中的情形更为复杂，C 完全可能在传播中加入个人目的①，甚至在受众难以觉察的情形下以个人目的取代预定目的，暗中影响受众。例如，C 为了节省时间，只把 A

———————

① 他的这些做法可能得到了受者 B 的同意也可能没有得到其同意，这涉及复杂传播的伦理。

传递的重要信息告知 B，并且得到了 B 的同意。再比如，当 C 是 A 的唯一信息受者，那么他在转述 A 的信息时如果对该信息进行了改动，B 就很难察觉。所以 C 在一定程度上仍扮演了传者的角色。

其次，从传者对信息的处置权来看，C 虽没有参与信息的生产，却在传播过程中有意无意、或多或少地对信息进行了一定的加工，甚至是改动，他对信息的部分处置权使得他具备了一定的传者地位。

再次，传者的"不在场"使 C 成为整个传播过程的实际控制者。在无目的传播中，传者 A 只提供传播的信息，除此之外基本不参与该传播，有时甚至是在 A 毫不知情的情况下进行。而第三方 C 是传播过程的幕后控制者，可以决定何时、何地、通过何种媒介把信息传递给受众，虽然他对信息本身的处置权有限。

所以，有第三方 C 参与的传播并不是没有传者的无目的传播，而是一种受限传播或准传播。

此外，该理论认为 C 满足受众的需求所以是无目的的，等于把能否满足受众需求看作有无传播目的的标准，而传者 A 具有影响受众的意图就是有目的的，人为地把传者影响受众的意图与满足受众需求对立起来。

第二节 源发传播、衍生传播与杂合传播

为了更清楚地认识同一文化内的复杂传播，我们提出三类传播模式：源发传播、衍生传播和杂合传播。

源发传播是一种简单传播，指传者根据受众等其他传播要素（如：媒介和社会情境）自主决定所传播的信息，实现传播意图。换句话说，源发传播由传者决定"说什么"和"怎么说"；而衍生传播是一种复杂传播，指传者复制先前发生的传播行为中传者发出的信息，使受众尽可能真实准确地了解该信息，起到代人表意的作用。杂合传播也是一种复杂传播，是前两种基本传播模式的混合。我们先分析前两种模式的特点，然后再讨论第三种模式。

一、源发传播和衍生传播

源发传播是一种简单传播，从传播的参与者看，仅包括传者和受众。但它又是传播的主要形态，因为任何复杂的传播都直接或间接地与简单传播有关。

而衍生传播是一种复杂传播，它不仅涉及两次相关联的传播，而且参与者之间关系更加复杂。在该传播中，先发生的传播为"初次传播"，其传者为"初次传者"，而衍生传播又称"二次传播"，其传者为"二次传者"。初次传者在衍生传播中只提供信息，不再是简单传播意义上的传者。因为根据 Westley 等人的理论，他不具有影响二次传播受众的意图，他的行为变为二次传者关注的客观事物，我们把它称为"玩偶传者"（puppet communicator）。而二次传者是衍生传播的实际执行人，起"准传者"的作用。理论上，衍生传播的准传者不能决定"说什么"和"怎么说"，只能如实地"转述"别人"说什么"和"怎么说"。

值得注意的是，初次传播不一定就是源发传播，如果不是，那就意味着至少有两次衍生传播，衍生传播次数越多，初次传播信息失真的可能性就越大。因此受众如果对信息的最初来源和信息同样重视，那他们通常在不得已的情况下才会选择衍生传播，也因此较少选择两次以上的衍生传播。

这两种基本传播在现实生活中都很常见。人们日常的思想交流、课堂教学、宣传广播、公开演讲等都以源发传播为主，只有当人们引用别人的话时才是衍生传播。一个典型的衍生传播实例是在法庭上宣读证人证言或者警方的询问笔录，宣读人必须一字不变地把事先制作好的证言或笔录内容传播给法庭所有的听众。如果他擅自更改其中的内容而影响案件审理，就要承担法律责任。

从传播要素的角度分析，这两类传播主要有以下六个方面的差异：

第一，源发传播具有传播意图的自主性，而衍生传播不具有传播意图的自主性。在源发传播中，传者可根据受众等其他传播要素自由决定传播要达到的目的，既可以是发布信息，也可以是说服劝说他人，还可以是提供娱乐消遣等，不一而足。但是在衍生传播中，准传者的传播意图只能是如实复制初次传播的信息，尽可能使二次传播中的信息可以代表初次传播中的信息，让无法参与初次传播的受众也能真实地了解其中的信息。值得一提的是，衍生传播不具有传播意图的自主性并不意味着准传者毫无自主性，他可以决定是否传递玩偶传者的信息，以及何时何地针对何人传递该信息。所以说准传者的作用一般是隐性的，往往易被人忽视。当然，在实际的衍生传播中准传者有可能夹杂自己的传播意图而对初次传播信息作出改动，这涉及衍生传播的杂合与伦理问题，后面再讨论。

第二，源发传播中只有一个传者，而衍生传播中表面上有两个"传者"："玩偶传者"和"二次传者"，实际上只有一个准传者。

从参与初次传播程度的深浅看，这两者之间的关系有两种情况：一是玩偶传者与二次传者是初次传播的传者与受众；二是玩偶传者是初次传播的传者，但二次传者却不是初次传播的受众，而是初次传播的旁听者（auditors）、局外人（overhearers），甚至是偷听者（eavesdroppers）（Hatim & Mason，1997：178）。

从是否参与二次传播来看，这两者之间的关系也有两种情况：一是玩偶传者知道或授权二次传者代他进行二次传播；二是玩偶传者不知道或没有授权二次传者代他进行二次传播，没有参与二次传播。

但这两者的地位不同。二次传者是衍生传播的准传者，是实际传播行为的主体，而玩偶传者往往只提供了传播的对象——文本，基本不直接参与衍生传播。

第三，两类传播中受众的期待不同，所以传者与准传者对受众的关注也不同。在源发传播中，受众期待传者提供能满足自己需求的信息，而传者要实现自己的传播意图，也需要充分考虑受众需求，重视他们对信息的反馈，所以受众在传播中受到传者重视。而在衍生传播中，受众期待准传者如实地提供玩偶传者发出的信息而不希望他在该信息中加入其他信息，准传者的主观能动性大大受到限制，他只需把信息完整准确地传达到受众就完成了任务，对于受众能不能理解该信息、能理解多少等信息反馈情况他一般并不十分关心，所以，准传者对受众的重视程度大大降低。

此外，受众对信息准确性的要求与其对玩偶传者和信息的重视程度相关，即受众越重视玩偶传者和他发出的信息，那么他们对准传者二次传播该信息的准确性要求就越高。例如，国家领导人的重要讲话往往要全文传达，而一般政府文件既可全文传达，也可摘要传达。

第四，源发传播中的传者可以决定信息的内容与形式，信息在传播过程中的损耗较少，而衍生传播中的准传者一般不能决定信息的内容与形式，信息由于经过了二次传播受到主客观条件的影响而造成一定程度上的信息损耗，造成信息的失真。主观条件主要包括二次传者理解玩偶传者所发信息的能力、表达该信息的能力以及是否愿意如实传达该信息的主观意愿等；而客观条件则包括二次传者对初次传播的参与度，二次传者是否获得玩偶传者的授权、是否与其进行有效沟通，二次传播的媒介以及二次传播的社会情境等。

第五，两类传播的效果评价方式不同。效果评价指评估判断传者与准传者在多大程度上实现了其传播意图。源发传播是否成功取决于受众的反馈，而衍生传播是否成功一般不取决于受众的判断，因为他们没有参与初次传播，一般很难直接判断得到的信息是否真实，往往需要依靠他人作出间接判断。

间接判断的依据大致有三个：受众向初次传者核实二次传播的真实性；受众向其他参与初次传播的受众核实二次传播的真实性；受众根据其他信源，如记录初次传播的讲稿、录音、录像等来验证二次传播的真实性。这三类间接判断依据的可信度往往存在差别，受众应根据具体情形选择可信度高的方式，最可靠的方法是交叉验证，最理想的结果是交叉验证的结果一致。

第六，两类传播的伦理表现不同。源发传播的传者应当传播对受众有益而不是有害的信息，应当以对受众有益而不是有害的方式传播该信息。至于何者有益何者有害，不同社会和不同时代往往有不同的判断标准。而衍生传播的准传者行使的是"代人传话"的职责，应当如实传播玩偶传者的信息，而不应当在其中夹杂个人意图改变信息并且不告知受众，否则，就是带有欺骗性的衍生传播，违背传播伦理。在实际衍生传播中，如果准传者因各种主客观条件的限制而对初次传播的信息被迫做出了改动，并且提前告知了受众，那么这也是符合衍生传播伦理的。至于这样改动能否得到受众的肯定和接受则是传播效果的问题。

二、杂合传播

除源发传播和衍生传播这两种基本传播类型外，现实传播中还存在二者的混合，即杂合传播。根据这两类传播在杂合传播中的地位，杂合传播又可分为源发衍生传播和衍生源发传播。前者是指源发传播在杂合传播中占主导地位，发挥主要作用，而衍生传播在其中占次要地位，起辅助作用，如在演讲中引用名人名言；后者情形则恰好相反，如全文传达文件后再对文件精神进行个人解读。杂合传播的性质由占主导地位的传播模式决定。

这两类杂合传播根据其中源发与衍生传播在内容上结合的紧密程度又各自可分为强、弱两种杂合。弱杂合表现为该杂合中的源发与衍生传播界限分明，各自保持其相对独立性，往往通过引号等语言标记就可以把衍生传播从中区分开来。弱源发衍生传播和弱衍生源发传播的唯一区别在于哪一种基本传播占主导。例如，在演讲中引用名人名言，演讲是源发传播，在整个传播中占主导，引用他人的名言是衍生传播，起证明论点的作用，对整个传播起辅助作用。而强杂合则很难从内容上区分出其中的基本传播，二者之间是互为你我的关系。但根据它们在传播中的作用仍可区分出传播的主次。

具体而言，强源发衍生传播指初次传者在初次传播时不仅考虑初次传播的受众，还同时考虑到二次传播的受众，并在传播的信息中有所体现。当初次传播的受众再把该信息衍生传播给二次传播的受众时，与单独的衍生传播相比，其针对性更强，传播效果通常会更好。例如，老师请学生传话给家长"孩子成绩下降，需要课后加强对孩子学习的督促"时，不仅要考虑学生的感受，往往还要考虑家长的感受。与衍生传播不同，强源发衍生传播中有传者(即初次传者)、初次受众、准传者(即二次传者)和二次受众，但没有玩偶传者。

而强衍生源发传播是指二次传者在受众所认可的限度内适当考虑他们的需求而对原信息进行一定的加工。在受众所认可的限度内是指信息加工不能超出受众所容许的背离原信息的程度。例如，摘要传达报告内容，或把《西游记》改编为儿童读物，都不是无限度地对原信息进行加工。与衍生传播不同，二次传者的准传者作用在强衍生源发传播中是显性的。

杂合传播反映了现实传播的复杂性。而传播中的第三方有时会或有意或无意地偏离其受众期待的角色，这进一步增加了传播的复杂性。因此，以上类型的传播在现实中都有可能存在各自的虚假形态，需要具体分析与辨别。但杂合传播无论其具体形态如何，都具有占主导地位的基本传播模式，该模式决定了杂合传播的性质与特征。所以源发和衍生传播是认识任何传播现象的基础，分别发挥着不同的传播功能。

源发传播可以说是传播的主要形式，也是传播学关注的重点，发挥监视环境、协调关系、传承文化、调节身心等功能(张国良，1998：68-69)。但是衍生传播的作用也不可忽视：从玩偶传者角度看，衍生传播扩大了信息传播的范围与影响；从二次传播受众的角度看，衍生传播间接延伸了受众感官对周围环境的监视能力与范围，接收信息的广度和深度得到了极大拓展；从准传者角度看，转述他人的话不仅能使自己成为传者的代言人或受众的代理人，从中获得物质上和精神上的好处，有时还能更好地证明自己的观点，其他时候还能暗中影响受众，但同时也把潜在收益与风险一同让渡给了玩偶传者。

既然这两类基本传播都很重要，那么为什么传播学更重视对源发传播的研究而对衍生传播研究不多呢？可能有以下三个原因：

第一，传播学产生于对同一语言文化和社会中传播现象的讨论，主要关注语内传播现象。而在语内传播中，源发传播是主要的传播形态，因此成为研究的焦点。

第二，在语内传播中，衍生传播的研究空间有限。因为衍生传播的真实性相对来说比较容易得到初次传者、不同二次传者的相互印证。如果二次传者刻意传递不准确信息，受众比较容易发现，选择其他二次传者或信源，仍能了解到真实信息。二次传者却因此失去了受众的信任，很难再次扮演该角色。

第三，"睡眠效果"的存在。研究表明，不同的信息来源对受众的影响是不同的。"高信誉来源对转变人们的思想确有较大的作用"，但经过一段时间后，如四周，"人们不再把信息来源与思考联系起来"，这就是所谓的"睡眠效果"。（张国良，1995：74）因此，人们在同一语言文化内的传播中更注重传播的内容和效果，而不太在意是否是源发还是衍生传播。

但是传播情境一旦从语言文化内部变为跨越不同语言文化，引起诸多传播条件的改变，衍生传播的重要性就凸显出来了。因此，这一对传播概念对理解跨文化传播的翻译与本地化现象具有重要意义。

第三节　跨文化传播中的翻译与本地化

翻译和本地化都是信息的跨文化传播行为，但翻译是跨文化衍生传播（包括强衍生源发传播），而本地化是跨文化源发传播（包括强源发衍生传播）。

一、跨文化衍生传播的翻译

翻译研究学者早已注意到翻译与传播的密切关系，认为翻译是跨文化传播与交流行为（Nida & Taber, 1969；Bell, 1991；Gile, 1995；Hatim & Mason, 1997；吕俊，1997；吕俊、侯向群，2001；O'Hagan &

Ashworth，2002），却没有认清其衍生传播的本质。他们往往认为原语作者是原语信息的创作者，是跨文化传播的传者，译语读者是译语信息的接受者，是跨文化传播的受众，而译者在其中扮演了原语信息的受者和译语信息的传者的双重角色（Nida & Taber，1969/2004：22；Hatim & Mason，1997：1；O'Hagan & Ashworth，2002：2-3；吕俊、侯向群，2001：56）。吕俊认为在翻译传播中存在两个（传者）主体：原语作者和译者。（1997：44；吕俊、侯向群，2001：4-5）这些观点没有认清原作者和译者在跨文化传播这一复杂传播方式中的特殊关系。表面上，翻译是以译者为中介的在原语作者和译语读者之间进行的跨文化传播。但当原语作者并没有影响译语读者的意图，甚至不知道原文的跨文化传播，或者说，原语作者在原作中没有考虑译语读者的存在，译者仅仅是根据译语读者的需要来传递原文信息时，原语作者不再是传者，他的传播行为在译者眼中变为一种客观事物。此外，译者通常不是原语信息的真正受众，只是旁听者、局外人甚至是偷听者（Hatim & Mason，1997：178），但他确实是译语信息的生产者，他是通过语言转换的方式复制原作者在初次传播中生产的原语文本，使不懂原语的二次传播的译语受众了解初次传播的信息。因此，我们认为翻译是跨文化的衍生传播，原作者是玩偶传者，译者是准传者，把初次传播的原语信息转换为译语信息，完成文本的跨文化过程，而译语读者是受众。

认清翻译的跨文化衍生传播本质有助于客观认识翻译现象。

第一，译文很难准确再现原文信息。因为成功的传播或交流有两个必要条件：一是传者和受众具备相同的背景知识才能相互理解；（O'Hagan & Ashworth，2002：7）二是传者可以及时获得受众反馈。传者根据对受众背景知识的推测发出信息，然后根据反馈及时调整信息，使受众理解该信息。（O'Hagan & Ashworth，2002：7）翻译这种跨文化衍生传播先天不具备以上两个条件。原语作者与译者很难具有相同的背景知识，而且二者之间很难产生反馈，因为他们本不是传者和受众的关系。这给译者准确理解作者造成先天的困难。但另一方面，要判断译者理解的准确性也很困难，外语专家们的判断可能比较可靠，但他们同样无法克服翻译固有的以上两个不利条件。只有懂译语的作者才能做出最准确的判断。所以对翻译的准确性不能理想化。

第二，译者在传播中的作用比原语作者更重要。译者是跨文化传播的准传者，是传播的实际控制者，而原语作者仅是玩偶传者，提供原语文本。倘若没有译者的译语转述，原语文本对不懂原语的译语读者而言毫无意义，译者的才识和职业道德、翻译方法和翻译效果直接决定译语读者对原文的理解和对原作者的态度。译者和原作者的关系颇像中国古代垂帘听政的皇太后和皇帝的关系，真正发挥作用的是幕后的人物，而不是幕前看到的角色。译者甚至比同一语言内二次传播的传者发挥着更大的准传者作用，因为转述外语信息远比转述同一语言信息困难得多，对原信息的加工也更深。

第三，对译文的准确性要求越高，翻译难度越大，译者付出的劳动越多，译文的附加值就越大。该点是前两点的推论，无需赘述。

第四，翻译中的改写并没有违背跨文化衍生传播的本质。翻译研究中长期存在语言学派与功能学派关于翻译本质的争论：以纽马克为代表的语言学派，认为翻译应当坚持与原文的对等和准确性，强调忠实，而以 Snell-Hornby 为代表的功能学派，主张应当扩大翻译的范围，包括一切语际和跨文化传播行为，实现译文在目标文化中的功能。(Snell-Hornby，2000：71-72；Even-Zohar，1990；2003；Pym，2002；Weissbrod，2004；Göpferich，2007) 二者的分歧在于译文是否应该对原文进行改写，前者不主张改写，后者认为改写才能实现译文的特定功能。但功能学派基本认同翻译是有中介的跨文化传播，不同于写作，译文对原文的改写不能超出译语读者所认可的翻译改写限度。换句话说，译文始终是原文在译语中的代言人(Göpferich，2007：32-34；Stecconi，2007：23；转引自 Schäffner，1998：12)。他们所主张的翻译实际上是跨文化的强衍生源发传播(参见第二节"杂合传播")。所以翻译研究中语言学派与功能学派关于翻译本质的争论仅仅是跨文化衍生传播和跨文化强衍生源发传播的区别。我们可以称前者主张的翻译为狭义翻译，而称后者主张的翻译为广义翻译。

翻译的衍生性决定了翻译中的改写受制于原文，目标语读者需求的满足无论从程度上还是从时间上都受制于原文。但在信息全球化的时代，受众的信息需求更加丰富，他们不再满足于仅理解异域信息，对信息的可用性提出了更高的要求。

二、跨文化源发传播的本地化

翻译界普遍认为本地化是技术发展的结果，给翻译带来了新的类型（如软件本地化和网站本地化），促成翻译记忆软件的广泛应用，但并没有使翻译产生概念上的深刻变化。（Pym et al.，2006：59-61）因为本地化是对原产品的改造，使之从语言和文化上适应目标市场的需要。而"改造文本（或产品）以适应当地受众"正是"过去二十年翻译理论所讨论的"（Sandrini，2006：57，转引自 Pym et al.，2006：57），所以仍有学者认为本地化是翻译的一个分支（Adab，2006：60，转引自 Pym et al.，2006：60）。

由此可见，翻译界更多的是看到了信息本地化与翻译在跨文化传播过程中后端的相似之处，而对二者之间区别的讨论则主要集中于技术层面。事实上，翻译行为不会因为使用了翻译软件就成为信息本地化，信息本地化也不会因为没有使用信息技术就不是信息本地化而变为翻译。

对信息本地化进行任何理论探讨，以下两个现象不容忽视：1. 国际化是本地化不可分割的组成部分；2. 本地化是"一种为适应目标用户目的的极度改写"（Pym et al.，2006：60）。这两个现象正好分处于跨文化传播的前后两端。

第一，本地化是在国际化基础之上的本地化。软件本地化的发展历程充分说明了国际化对于本地化的重要性（参见"绪论"第二节中"发轫期：20 世纪 80 年代至 90 年代初"）。所谓的国际化就是在产品研发设计阶段就开始考虑产品的本地化能力（localizability）。就文本而言，这意味着作者在创作之时就开始考虑文本的跨文化二次传播，以及异域受众的需求，并在原语文本中有所体现。换句话说，作者在写作时就会照顾到部分翻译时可能遇到的语言文化问题。这与翻译总是在原作创作之后的事后行为（an after-thought），独立于创作之外有着根本区别。（Pym et al.，2006：40）而且，国际化的原作通常并不像未经国际化的原作一样，在翻译中不能轻易改动，它仅仅是本地化中的"原文草稿"，可以"尽可能高效地被转换为最终的本地化文本"（Pym et al.，2006：60）。在本书中我们把它称为"目标文档源"，简称"文档源"（document source，参见第五章"本地化设计中的文档源设计"）。本书提出的信息本地化前端的文档源设计可以说是与翻译最重大的区别。

第二，翻译和信息本地化都允许为了适应目标受众而改写原文，但翻译的改写总是有限度的，而信息本地化的"改写"可以是"极度的"，不受限制的，与创作十分接近。其主要表现有二：1. 无原文译语写作；2. 反原文改写。

前者意味着在信息本地化中有时没有原文，需要根据受众的要求提供相关的译语信息。例如，日本消费者就曾希望在产品说明中增加原文没有的更为详细的解释性内容（Lin & Zerfaß，2011：27），那么具体增加什么，如何增加就是本地化设计的工作而不再是翻译了。再比如，有些技术手册原文本身质量不高，纰漏百出，即使忠实通顺的翻译也不能满足用户需求，这时就需要译者亲自对其中的技术细节进行核实查证，重新用译语进行技术写作。后者指本地化中对原文的"改写"程度之深使原作面目全非。例如，在翻译技术流程中有时需要把图表信息转换为文字描述，以便于读者理解。这不但超出了语内和语际翻译的范畴，也超出了符际翻译的范畴。此外，广告翻译中对反原文极端改写的例子就更多了（Tiefenbacher-Hudson，2006；Woodward-Smith & Eynullaeva，2009；蒋学清，2010）。

事实上，信息本地化的"极度改写"并不是不受限制，这只不过是从译者的角度来看问题，把本地化后的目标文档与原文相比，发现二者的差别有时很大而得出的结论。不论是无原文译语写作，还是反原文改写，信息本地化的一个最重要的依据就是产品或事实本身，本地化中的目标文档，可能与文档源有较大出入，但不应与产品或事实有出入，否则很可能会遭到用户的抛弃，这正是信息本地化背后的商业逻辑。如果说信息本地化的"改写"受制于产品或事实，那么翻译的改写则受制于话语，即原文，即使是概念最为宽泛的翻译中的译文也与原文有着或多或少的联系，而这联系从另一个角度看就是原文对译文的制约。

总之，信息本地化的对象不是原文，而是至少经过国际化的反映产品或事实的"文档源"。信息本地化时为满足目标受众的需求，可以"极度改写"文档源，有时甚至是不翻译文档源。但这一切并不妨碍本地化的文档为目标受众所接受，因为它在本质上不同于翻译，不是信息的跨文化衍生传播，受众关心的重点不是译语文本是否是原语文本的真实再现，而是本地化的文本能否满足自己的多种信息需求。所以，信息本地化是信息的跨文化源发传播，通常以满足目标受众需求为手段来实现传者的跨文化传播意图。

信息本地化与翻译在传播意图、传者作用、受众地位与期待、传播内容、传播效果评价和传播伦理等方面都有明显不同。

本地化的总体传播意图是实现信息的跨文化传播，对其他文化受众产生特定影响。而翻译的总体传播意图是复制先前发生在另一语言文化特定传播行为中传者发出的特定信息，使不懂外语的受众尽可能真实准确地了解该信息。二者在传播意图上的差别在很大程度上决定了其他方面的不同。

本地化的传者是跨文化信息的生产者或设计者，而不是原语话语的转述人。他可以决定传播信息的内容与形式，而译者是准传者，不具备充分的话语权，只有语言符号的转换权与有限的改写权。

本地化的受众更关注本地化的信息本身能否对自己有用，而不像译文读者更关注译文是否能准确地传达作者原意。试想我们在使用微软Windows 7操作系统时是关注软件本身的可用性还是关心它是否是英文版的忠实翻译呢? 因此，本地化设计者要实现自己(或公司)的跨文化传播意图就需要尽可能地考虑异域受众的特点与需求，进行有针对性的信息设计，形成目标文档后往往还要在最终用户中进行可用性测试，根据测试结果反复修改后才形成最终的信息产品。而译文读者需求的满足在很大程度上要受制于原文本身，译者只能在选材、忠实和通顺上尽可能满足读者，对读者的重视程度相对要低一些。

本地化的传播对象是信息产品中所有信息所构成的多模态的文档源，而翻译的传播对象通常是单模态的文本。该差别体现在两个方面：其一，文档源包括语言、文字、图形、色彩、音乐，甚至是气味等人类感官所能捕捉到的一切信息，而文本主要局限于语言这一种符号；其二，文档源是初步成形的信息半成品，需要经过增删、翻译、改写、编辑等一系列设计加工过程才能形成最终的信息产品，而文本往往是加工好的信息成品，不容轻易改动。

本地化效果是否理想主要取决于本地用户的评价，取决于他们的信息需求在多大程度上得到了满足，取决于文档能否有效和高效地帮助他们完成使用文档的任务。换言之，取决于用户眼中的文档可用性。而翻译是否成功主要以原文为参照，例如，是否忠实与通顺，是否等效，是否功能对等。

本地化的伦理是以有益目标受众的方式传播有益目标受众的内容，而不是相反。翻译的伦理是以有益译语读者的方式真实再现有益于他们的原作。

所以，本书中的信息本地化是指：为实现特定跨文化传播意图，以满足最终用户信息需求的方式而进行的跨文化信息设计①。

---

①　中文中"设计"一词通常表示"根据一定的目的要求，预先制定方案、图样等。如：服装设计，厂房设计"（《辞海》，1107）。但在西方的技术传播学中，信息设计（Information Design）作为一个研究领域，针对的是文档的整个制作过程（Schriver，1997；Redish，2000）。笔者认为作为一个专业术语，信息设计由于针对的是信息这类特殊的产品，可以不局限于信息生产的计划与准备阶段，而用于概括信息产生的全过程。这既实现了术语的表述简洁，又突出了设计者在信息生产全过程中的创造性劳动与价值。

　　这里的信息设计是指生成最终目标文档的全过程。由于该过程发生在不同地域文化之间,实现了信息的跨文化传播,满足了不同地域文化中用户的信息需求,所以这是跨文化的信息设计,通常要经过文档源设计和目标文档设计这两个阶段才能完成。

　　本章主要从传播模式的角度论证了信息本地化的跨文化源发传播本质。我们先分析了同一语言文化中的简单传播和复杂传播,进一步论述了源发、衍生和杂合三类传播模式及其特点,然后运用前两类传播模式分析了信息的跨文化传播,指出翻译是跨文化衍生传播,而本地化是跨文化源发传播,最后提出了信息本地化的工作定义。

第二章　本地化设计的对象

第一节　电子媒介与电子信息

信息本地化是信息技术发展的产物，作为一种新兴的跨文化传播模式，其传播媒介与传播对象与以往相比有很大不同。

信息本地化主要依靠电子媒介，如计算机屏幕、电子阅读器、互联网、PDA、移动上网手机等传播信息，而信息技术诞生之前的传播媒介多是实物媒介，如岩壁、泥板、纸草书、羊皮书、帆布、竹简、纸质书、报纸、杂志、胶片、磁带等。

传播媒介的改变使传播对象也随之改变。电子媒介的出现导致信息的电子化，本地化设计的对象主要是电子信息或数字内容，即"存储于硬件或外部存储介质，以计算机文件或通过互联网发布，通过计算机、游戏机或主机等硬件设备获取的内容"（Ryan et al.，2009：12）。这些信息涵盖了以往的各类信息，包括语言、图像、色彩和声音等。我们认为数字内容与物理内容相比具有以下八个优点。

第一，易兼容。数字内容与物理内容相比具有良好的兼容性，无论是语言、文字、图像还是声音都能够以双字节形式集成到一个界面中，为读者提供全方位的视听体验。

第二，易查找。信息数字化后借助软件的搜索查找功能可以十分便捷地从海量信息中查找到所需内容。具有超链接或屏幕取词功能的电子文本还可以实现跨文本的交叉引用，极大地提高了信息查找与定位的效率。

第三，易编辑。数字内容通过专业软件可以被编辑，大大提高了生成数字内容的效率。

第四，易更新。数字内容制作完成后如果需要更新改进，借助相关软件同样可以轻松实现。这确保了电子出版物的准确性与及时性。例如，大百科全书需要根据世界上每天发生的重大事件不断更新其内容。1995 年 11 月 4 日拉宾遇刺身亡，这一事件发生后《百科全书》①的编辑们不仅要更新有关拉宾的传记身世，还要改动书中许多有关以色列、中东和国际政治的文章（Kohlmeier，2000：6）。所以数字内容被称为"有生命的文档"或"活文档"（live document）。

第五，易管理。如果给数字内容加上元数据（meta data），标明其涉及的话题、创建人、创建时间等文件属性，可以很方便地对文件归类，并提取相关信息。

第六，易存储。数字内容可以大规模存储，而实际占用空间很小。手掌大小的硬盘的存储容量可达 1T。而且附带元数据的数字内容还可以避免重复存储。（Ryan et al.，2009：13）

第七，易发布与获得。数字信息连接互联网后可以使出版商更容易发布信息，用户更容易获得这些信息（Ryan et al.，2009：13），大大缩短了出版发行和上市的时间。

第八，出版/再版成本低。出版和再版数字内容要比物理内容成本低许多。（Ryan et al.，2009：13）

与物理内容相比，数字内容除去以上八个优势外，还有至少两个特点：

第一，内容编排的非线性。数字文本虽然可以模仿纸质文本的线性方式（如从左到右，从上到下，从前到后）安排内容，但不少数字内容（如网页）以区块为结构单元组织文本，可以按任何顺序阅读（Williams，

---

① 《不列颠简明百科全书》。

2009：48）。所以，这类文本也被称为超文本(hypertext)。

此外，文本的非线性还体现在超链接的使用。一个网页使用超链接可与十个其他网页联系在一起，而这十个网页又可与另外十个网页链接，从而形成"蛛网状"的文本结构(Williams，2009：52)。

第二，著作权多元化。数字内容的制作相对复杂，通常需要多人协作分别制作不同内容，然后再合成发布，这与物理内容通常由一人享有其著作权不同，数字内容的著作权往往由多人分享。(Williams，2009：53-54)

第二节　多模态的信息产品

当电子文档或数字内容成为产品(如软件)或服务(如谷歌订阅)本身以及产品不可分割的组成部分(如产品手册)时，它们就成为不折不扣的信息产品。与传统的纸质文本相比，信息产品以屏幕为主要媒介，其最大特点是文档的多模态和视觉化。

一、信息产品的特点

多模态是指运用视觉、听觉、触觉、嗅觉和味觉等多种感觉，通过语言、图像、声音、色彩等多种符号资源进行信息的传播与交流。以公司网站为例，网页上通常不仅包括各式文字，还有产品图片、卡通形象、动漫等，并搭配上不同色彩，甚至不同风格的音乐，以达到吸引顾客、推销产品、刺激消费的目的。

多模态(multimodality)一词中 modality 的意义源自 mode(方式/模式/模态/模型)(胡壮麟，2007：2)，既代表人通过五种感知渠道与周围环境进行信息交换的五种交际模式(朱永生，2007：83)，又表示在以上交际模式中使用的多种"可对比和对立的符号系统"(胡壮麟，2007：2)。

所以判断多模态文本的标准有两条：第一是看是否同时使用两种或两种以上模态传播信息，第二是看是否同时使用两种或两种以上符号资

源。符合任何一条都可以视为多模态。(朱永生,2007:83)

值得注意的是,多模态与多媒体不同。媒体是"符号分布印迹的物质手段"(朱永生,2007:83)。例如,文字作为一种符号系统历史悠久,但承载文字的媒体则随着技术的发展而不断演进,从泥板、竹简、纸直到现代的电子屏幕。

但是,多模态话语的繁荣也正得益于多媒体的发展。电子媒介的出现突破了以往单一物理媒介的局限性,可以兼容众多不同模态的符号资源,为多模态文本提供了物质基础。

信息产品的另一大特点是信息视觉化。这是信息多模态化发展不平衡的结果,在五种模态中,视觉模态与听觉模态得到了更为广泛的应用,特别是视觉模态。语言不再是信息传播的唯一符号系统,而是结合了伴语言(又称副语言,包括语言的字体、大小和空间的布局)、图像、色彩、动漫等其他视觉模态符号共同表达意义。虽然自古代就有图文并茂的诗画,但是屏幕媒介的流行无疑极大地推动了信息视觉化的发展。Kress(2004)认为:

书本和它的页面曾经是写作的场所,写作的逻辑曾经塑造页面的顺序和书本。现在这一局面被新的图像和屏幕超过了。当今占统治地位的媒体是屏幕,不管是游戏机、移动电话、个人电脑或者电视和录像。因此现在屏幕的逻辑正在塑造新的顺序和对屏幕的安排。虽然文字写作可以出现在屏幕上,但它从属于图像的逻辑,如同过去图像可出现于书本上,但从属于文字写作的逻辑。因此图像的逻辑将越来越塑造写作的出现和用途,这一过程已在公众信息传递的事例中出现。过去,作者的形象和写作的方式占统治地位;在新的安排中,设计者和图像的模式占统治地位。(转引自胡壮麟,2007:6)

二、多模态符号的意义及其相互关系

在视觉模态文本中，语言、图像、色彩等符号资源与文字符号一样可以传递意义。例如，加粗的字体往往表示突出强调，而红色的文字常表示危险。非语言符号虽然可以表达某种意义，具有类似语言的词汇作用（张德禄，2009：26），但我们认为，目前还很难断定这些符号也具有类似语言的语法系统，可以把同类符号进行组合，并赋予不同组合以不同意义。例如，生日蛋糕和圣诞树这两幅图可以分别表示祝贺某人生日快乐和庆祝圣诞节，但把这两幅图放到一起，无论怎么组合，也很难明确传递某种特定含义，所以图像之间不具有类似语言的语法系统。正如朱永生所说：

> "多模态话语分析中的语法分析由于缺乏严格语法意义上的标记和线性关系，因此带有很强的主观性，即在很大程度上依靠分析者本人对不同组成部分之间语义关系的理解。在面对同样两个或更多的成分时，不同的人可能会因为文化背景不同、知识结构不同，甚至解读动机不同进行不同的分析，从而得出不同的结论。"（2007：85）

虽然不同模态符号传递意义的方式不尽相同，但它们在表达意义过程中的相互关系却是确定的。张德禄认为，"不同模态的话语实际上都是为了体现讲话者的整体意义。"所以不同模态之间的关系可分为"互补关系"与"非互补关系"（2007：26）。前者指"一种模态的话语不能充分表达其意义，或者无法表达其全部意义，需要借助另一种来补充"，而后者指"第二种模态对第一种在意义的体现上并没有大的贡献，但仍然作为一种模态出现"。（2007：26-27）

关于互补关系，他还进一步区分出强化关系与非强化关系。前者指"一种模态是主要的交际形式，而另一种或多种形式是对它的强化"。

强化关系可以包括突出、主次和扩充三种关系。后者表示"两种交际模态缺一不可，互为补充的关系"，又分为协调、联合和交叉几种形式。

非互补关系又分为交叠、内包和语境交互。

总之，多模态符号之间的关系可以由图 2-1 来表示。

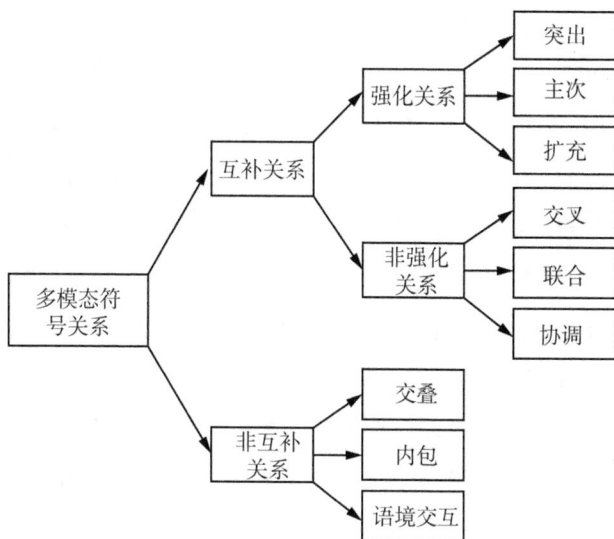

图 2-1　多模态符号之间的关系

第三节　全球化的信息生产

多模态的信息产品要占领全球市场，必须解决包括语言在内的多种信息本地化问题，这超出了翻译关注的范围，却是本地化设计关注的领域。本节主要探讨两个问题：1. 多模态的本地化设计对象；2. 本地化设计中多模态的意义构建与设计。

Jacobson 提出的语内翻译、语际翻译和符际翻译主要聚焦于语言这一符号系统。他虽然提出符际翻译的概念，但也只是"以非语言符号系统中的符号为手段来解释语言符号的意义"（Munday，2008：5），而不是语言符号与非语言符号之间相互的解释与转换。例如，把"禁止吸烟"译为禁止吸烟的标识是符际翻译，而反之则不成立。可见 Jacobson 的翻译定义是以语言符号为核心的。

一、多模态的本地化设计对象

有少数翻译研究者注意到数字文本的多模态性，提出传播中的讯息由"内容"和"包装"构成。（Gile，1995：26，转引自 O'Hagan & Ashworth，2002：5）"包装"指"传者选择的语言和副语言要素，以及体现这些要素的物理媒介"。在书写文本中，包装包括词、语法结构、字体、页面布局、图像等；在口语中，它包括词、语法结构、音质和表达，以及非语言线索。内容与包装相互作用，共同决定讯息。（O'Hagan & Ashworth，2002：5）O'Hagan 与 Ashworth 在讨论网站本地化时也主张内容与包装的区分，他们认为内容具体指讯息的词汇和语言结构，而包装包括任何其他非文本元素以及传递内容的媒介（2002：67）。

Gile 首次提出了"包装"的概念，使翻译研究对文本意义的关注延伸至副语言，但该概念尚有两点不足。第一，该概念人为割裂了语言的形式与意义的联系，把形式看作独立于意义之外的包装。词和语法结构的选择属于措辞问题，与语言的意义表达密不可分，不是外在的包装。第二，混淆了媒介与讯息。如前所述，"媒体本身只是意义传递的载体，本身并不带有一定的意义。"（张德禄，2007：26）O'Hagan 与 Ashworth 克服了 Gile 包装概念的第一点缺陷，但仍把媒介视为讯息的包装的一部分，同时还把其他非文本元素也纳入包装，无形之中预设了语言与其他符号在信息传递中的主次关系，这与多模态话语的实际情形不符。

我们认为，任何视觉模态的符号都由内容与包装构成。以文字符号为例，其内容就是语言形式和意义的统一体，而其"包装"则指副语言等能够被视觉直接感知的符号外观。其他多模态符号在屏幕媒介中共同构成解读文字意义的视境。

二、本地化设计中多模态文档的意义构建与跨文化设计

本地化设计主要解决两个问题：1. 解读视境中多模态文档的意义；2. 根据不同地域最终用户的信息需求、知识水平、认知能力和使用情境等，设计本地化信息。

（一）视境中多模态文档的意义

所谓视境就是指承载电子文档的媒介（一般是屏幕）所限定的视觉范围。它包含各种视觉符号，共用决定其中某一符号所体现的意义。视境影响多模态文档意义生成的方式主要有两种：第一种是视境本身所具有的构图意义对文档意义的生成有影响；二是视境内各要素共同影响文档意义。

视境的构图意义体现在信息价值、突出度和分格三个方面。(Kress & Leeuwen，1996：183；转引自叶起昌，2006：439)

"信息价值是指各种成分占据不同的位置从而拥有不同的价值。位置可以是：左右、上下、中心与边缘。"(Kress & Leeuwen，1996：183；转引自叶起昌，2006：439)例如，位于中心的信息其价值往往要高于位于边缘的信息。

"突出度可理解为各种成分，由于它们在前景或背景中位置、大小、亮度级等方面的差异，从而引起读者不同程度的注意。"(Kress & Leeuwen，1996：183；转引自叶起昌，2006：439)

"分格指分格手段的明用或暗用，用来切断或连接语篇的成分，表明这些成分是相连或不相连。"(Kress & Leeuwen，1996：183；转引自叶起昌，2006：439)分格的意义在于"不相连的成分从某种意义上可以解读为是与总体分离或独立的，甚至可能是作为对立的意义单位；而相连的成分在某种意义上则可以解读为是相近的、连续的或互补的"(Kress & Leeuwen，2001：2；转引自叶起昌，2006：439)

视境决定不同模态的意义，或者说视境中不同符号对与之关联符号

的意义生成具有制约作用。因此，解读某一符号的意义之前必须先明确它与其他符号之间的关系。例如，新闻网页上常常出现配有文字说明的新闻图片，图片往往较大，具有突出度，而文字较小，位于下方，而且新闻照片都是实景图片，反映现实，真实直观。仅从图片与文字说明这一有限视境看，二者的关系就是互补关系中强化关系的主次关系，图片为主，文字为辅，所以确定这一多模态话语意义时应当以图片信息为依据，文字说明为参考。例如，有一图片说明是"一位外国游客在天安门广场练中国功夫"，译者可能没有充分注意到视境中的图片，把该句译为"An international *gongfu* practioner in the Tian'anmen Square"。但图片内容却是一个老外笑嘻嘻地冲着镜头为拍照摆姿势，所以译为"Tian'anmen Square：How about this *gongfu* stance?"似乎更为符合视境中图片的意义。（韩清月、邢彬彬，2010：60-61）再比如，图片说明中出现"泥人""可爱的虎仔"等笼统表述时，只有对照图片确定泥人和虎仔的数量后才能做出准确翻译。（韩清月、邢彬彬，2010：58）

（二）多模态文档的跨文化设计

多模态文档的意义和可用性与其所处的语言文化系统密不可分。当多模态文档离开原先的文化移植到另一文化中时，如果仅仅是翻译其中的语言而不考虑其他符号资源，有时会造成该文档可用性的下降，因为这时的语言符号与其所处的新的文化语境之间出现了可用性冲突。例如图 2-2 显示的是一家公司产品研发会议记录表的最后一栏，需要由正副经理签名，批准批量生产某产品。而这次会议同样要在该公司的美国分公司举行，以批准该产品在美国生产，所以美国分公司也需要填写一份英语的会议记录表。起初，公司的技术写作员兼翻译把表格直接翻译为英语（如图 2-3 所示）。

从翻译的标准看，译文没有任何问题。但是直到美国会议结束，公司才发现这个表无法签字，因为表中所留空格太小，这使得翻译后表格的可用性很低。但是，译文表格与原文表格的版式基本上是一致的。那

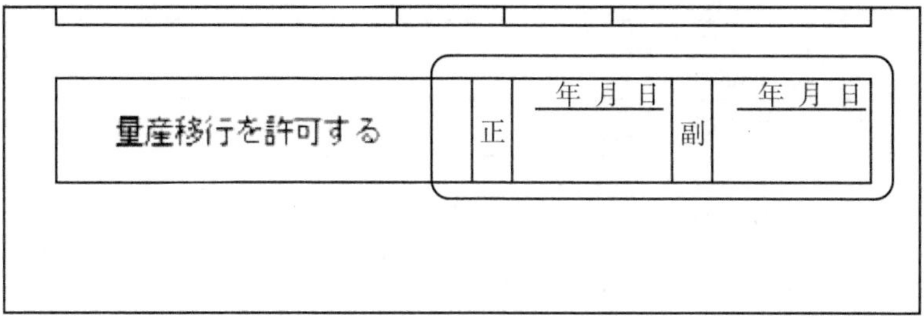

图 2-2　原文表格

么原文为什么没有无法签字的问题呢？因为日本公司通常用印章来代替签字，表中所留空间可以容纳印章的大小。所以，技术写作者只好按照美国人的签字习惯重新设计表格（如图 2-4 所示），预留了打印和手写签名的空间，才实现了目标文档的可用性。（Major & Yoshida，2007：176-177）同样的现象在网站本地化中也时有发生，所以有学者建议，改变网络语言时需重新考虑网站整体的可用性，确保网站符合目标语文化的规范（Hillier，2003：11）。

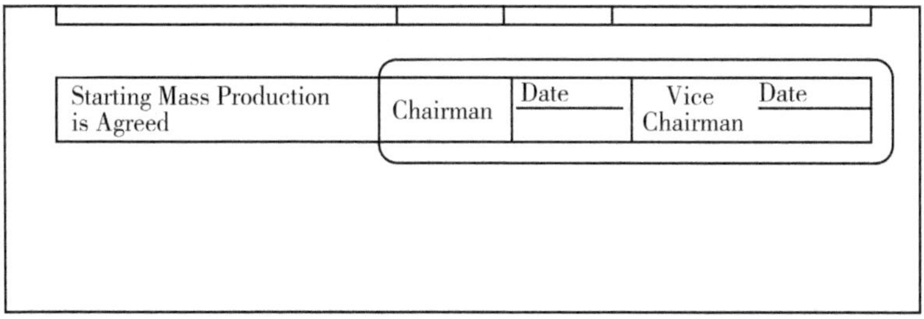

图 2-3　译文表格（本地化前）

解决多模态符号与新文化语境之间冲突的方法就是对符号进行重新设计。设计的依据除了原文档，还要考虑最终用户的特点、使用环境与文化环境。这在下一章会有详细阐述。

4. Result
Agreement on Mass Production

General Manager

(Print) _____

(Sign) _____ (Date) _____

Assistant General Mgr

(Print) _____

(Sign) _____ (Date) _____

图 2-4　译文表格(本地化后)

第三章 本地的最终用户

信息本地化在跨文化传播中与翻译的显著区别在于前者是以信息的受众为中心的传播模式。换句话说，信息本地化需满足最终用户的信息需求，因此用户在很大程度上影响着信息产品的内容与形式。本地化设计者要想设计出令用户满意的信息，就必须深入了解用户，分析出其信息需求特点，以及满足这些需求的客观条件。本章主要探讨三个问题：1. 为什么要聚焦于最终用户；2. 最终用户的哪些方面需要了解；3. 如何了解他们。

第一节 聚焦于最终用户的信息设计

信息产品的最终用户[①]在信息本地化中至关重要，有如下三个原因。第一，信息本地化的源发传播本质决定了信息传播需要满足受众的信息需求。只有满足了受众的信息需求才能有效地实现传播意图，否则只是传者的自说自话。第二，评价信息本地化质量的是最终用户，而不是信息产品本身。(Dunne，2009：219)在信息时代，信息与产品和服务的结合，使得信息产品形成。与其他产品一样，信息产品的质量在市场中由顾客决定。质量不是绝对的，而是反映了顾客或用户对产品的看法。(Dunne，2009：218)例如，机器翻译的质量通常不如人工翻译，

---

① 这与功能学派所说的"目标文本用户"不同，不是"使用目标文本的人"，而是"目标文本的接受者"，即"目标文本的最终接受者"。(Munday，2008：78；Nord，2001：22)

但利用机器翻译可以迅速地了解内容大意，而且成本低廉。因此，按照通行的译文质量标准，不合格的机器翻译在用户看来完全有可能是令人满意的。第三，把对最终用户的考虑融入信息产品本地化设计的全过程不仅能提高用户对产品的满意度，还能提高企业进行本地化的投资回报率。IBM 公司提出，一个产品质量问题，如果在设计阶段解决需要花 1 美元，那么在研发阶段解决就需要花 10 美元，而在产品发布后再解决则需要花 100 美元。（Dray & Siegel，2006：286）同理，信息产品在用户中的可用性缺陷如果在文档源设计阶段就解决了，就可以节省后期多语文档设计时大量的时间和资金成本，而目标文档设计时如果能进一步提高文档的可用性就可以直接促进产品在当地的销售。所以，信息本地化要获得成功就需要全方位了解最终用户，了解用户所在的"本地"特征、用户使用信息产品的使用情境和用户自身的信息特质，这样才能为随后的信息设计提供可靠依据。

第二节 用户的社会文化时空：本地的含义

"Locale"一词最早由软件业提出，在技术语境中"指某一语言与地区特有的一整套标准设置、规则和数据"（Esselink，2000：471）。换句话说，它"代表特定语言、地区和字符编码的集合"（Esselink，2000：1）。本地化行业标准协会（LISA）认为本地化是"选定一个产品，把该产品从语言和文化上改造为适应在目标地域（国家或地区和语言）使用与销售"的过程（Esselink，2000：3）。从该定义看，目标地域是产品的销售地和使用地，是国家或地区与语言的结合。

翻译学者 Pym 认为本地是"构成（产品）最终使用情境的语言和文化特征的集合"（2010：122）。这里的语言通常是指"语言的特定种类"（Pym，2004：2），如加拿大法语、澳大利亚英语等。而这里的文化是指"当地的文化规范，如货币、单位、日期和时间的设置方式、数字的表达方式以及颜色的象征含义等"（Pym，2004：2）。该定义对语言的解释与 LISA 的定义是一致的，因为划分语言的特定种类的主要依据就是使用该语言种类的国家或地区。但认为本地仅仅是语言和文化的集合是只注意到了本地的符号化特征，而忽视了其社会内涵。

我们认为本地是最终用户使用信息产品时的社会文化时空①。它不仅指一个特定的地理空间，还是所有影响用户使用信息产品的社会与文化因素的集合。根据对用户使用产品影响程度的强弱，这些因素可分为强制性因素、弱强制性因素与非强制性因素。

本地中的强制性因素是用户使用信息产品时必须符合的前提条件。否则，信息产品无法在当地销售。法律和政治因素是其典型代表。例如，德国和奥地利对本地化的游戏都有严格的审查，禁止使用亵渎语言以及与种族仇恨或纳粹有关的符号。（Mangrion，2006：313）再比如，微软在其最新的简体中文的本地化风格指南②中明确要求"country"一词不能译为"国家"而应译为"国家/地区"，特别是在语言对话框中当"台湾"出现在国家/地区列表中时。但在微软最新的繁体中文的本地化风格指南③中却找不到这一要求④。仅从这一个词的翻译就可以看出中国大陆与台湾这两个"本地"截然不同的政治特征。

即使在同一本地内的不同地域，政治因素的作用也可能存在微妙差别。例如，日本有一家在华的连锁超市叫"Ito Yokado"。它在成都的中文名为"伊藤洋华堂"，具有浓厚的日本文化气息，使人仅从名称即可判断出其日籍企业身份。而这家超市在北京的中文则是"华堂商场"⑤。该名称基本消除了其日籍企业色彩，不看英文名称很难让人联想到是家

---

①　这里的"时空"与爱因斯坦"在相对论中假定的在四维结构中联系空间和时间的单个实体"的"时空"（space-time）概念不同。（《不列颠简明百科全书》）

②　2011 年 8 月更新。

③　2011 年 2 月更新。

④　微软的繁体中文本地化风格指南同样适用于中国香港和中国澳门，而这两个地区分别于 1997 年和 1999 年回归中国，所以"country"一词在这两个地区也应译为"国家/地区"。微软在 2011 年发布的繁体中文本地化风格指南对此未作任何说明，实在是个不小的疏漏。

⑤　http：//baike. baidu. com/view/680245. htm，2013 年 10 月 10 日访问。

日本企业。为什么在同一语言文化地域之内会有不同的本地化名称呢？我们认为，政治因素在两地的差别可能是其中一个原因。北京是中国的政治中心，对中日关系的任何风吹草动都相对敏感。政治因素在这里比在中国其他地方更为重要。日企在北京刻意淡化其国家身份，可能是考虑到北京的特殊政治氛围，而不想受波折不断的中日关系的影响。而在成都，这种政治因素的作用要小一些，所以他们的顾忌也要少一些，甚至有可能会认为日本气息浓厚的名称反而会吸引那些潜在的"哈日族"来商场消费。由此可见，政治因素的作用是无处不在的，只不过多数时候并没有引起人们的注意。

本地中的弱强制性因素主要是社会、文化或宗教等方面的禁忌，这些因素虽然不能像法律等强制性因素那样对信息产品的销售和使用具有强制约束力，但违反这些禁忌通常会严重影响信息产品在当地用户中的接受度，甚至危及公司声誉。例如，一款名为"Crash Bandicoot"的欧美游戏中有一个主角，其形象只有三根指头和一根大拇指，在把该游戏本地化到日本时，本地化设计者决定在所有的图形、动画和营销材料中都把这一形象改为四根指头和一根大拇指，因为缺少一个指头的人物形象在日本用户中会引起各种负面联想。（Mangrion，2006：314）我们认为，其中一个原因很可能是日本的黑社会成员通常会砍掉自己的小指向黑社会老大表示忠心或赎罪，所以缺少一指的游戏形象有可能在日本用户中不受欢迎。

本地的非强制性因素主要是指语言与文化中的成规或偏好。语言成规通常涉及书写方式、表达方式和索引方式等。以中国内地和香港为例，前者使用简体中文，而后者使用繁体中文。即使同一个英文单词的固定译法也常常不同。如表 3-1 所示。（Microsoft，2011）

文化成规主要指本地化行业中经常强调的时间、质量衡、色彩等的使用习惯。信息本地化时如果不遵守语言与文化成规通常不会严重影响用户对信息的理解，但会减弱文档的可读性与可用性；反之，如果遵守这些成规，则可以提高文档的可读性与可用性。但这并不一定意味着本

地化可以到此为止，能够获得用户的充分认可，因为这只是信息在语言
与文化上的浅层本地化，在有些情形下，只有深度的本地化才能真正使
用户满意。

表 3-1

原文	简体中文译文	繁体中文译文
memory	内存	记忆体
wizard	向导	精灵
a third party	第三方	协力厂商
blog	博客	播客
favorites	收藏夹	我的最爱
live tiles	动态磁贴	动态砖

本地是一个社会文化时空概念，意味着本地中包含的诸多政治、经
济、技术、法律、语言、宗教和文化等因素不是一成不变的，因此本地
是动态的本地。在这些本地因素中，相比较而言，政治与法律因素的变
化通常比较缓慢且幅度不大，而语言因素的变化一般比较迅速且明显。
因为一个社会的政治与法律通常具有一定的连续性与稳定性。但这并不
意味着本地的政治与法律因素不会发生变化，而且其中的有些变化可能
会对信息产品在本地的销售与使用产生重要影响。例如，韩国首都
Seoul 在 2009 年 1 月之前在中国都被称为"汉城"，此后改称为"首尔"。
因此，在 2009 年 1 月之后在本地化"Seoul"一词时应一律使用"首尔"，
如果不了解这一点，仍沿用原译名就可能引起不必要的麻烦。

与政治和法律因素相比，本地的语言因素变化相对较快。这主要体
现在表达方式上。网络的普及与发展加速了流行语的传播与被接受，推
动了语言的更新发展。每年涌现的新词新语不少就出自网络。例如，
"正能量"一词是 2012 年中国最受欢迎的流行语，位居《咬文嚼字》评选
的"2012 年十大流行语"和国家语言资源监测与研究中心发布的"2012

年度中国媒体十大新词语"的榜首。（王雪明，2013：113）该词"实际上源自网络上对数十位中国草根火炬手远渡重洋，赴伦敦参加奥运火炬传递活动发表的微博……但它的流行，实为中国本土创造性的运用"。（王雪明，2013：113）李磊在翻译英国大众传播心理学教授理查德·怀斯曼所著的 *Rip It Up: The Radically New Approach to Changing Your Life* 一书时充分利用"正能量"这一流行语，不仅把书名译为与原书名意义相去甚远的《正能量》，而且在书中许多地方都刻意添加原文没有的"正能量"一词，例如，第六章的题目"Creating a new you"被译为"运用正能量，打造全新的自己"。我们姑且不论该译法是否有违翻译准则与伦理，但这至少可以说明敏锐地把握本地的语言变化可以获得显著的商业成功。

本地是变动不居的社会文化时空，但本地化设计者只要动态地把握住信息产品的最终用户使用该产品时的特定时空，就有可能满足用户的信息需求。了解本地特征无疑为用户分析打下了基础，但本地化设计者还需要进一步了解用户使用信息产品的具体情境才能进行深入的信息本地化。

第三节　用户的使用情境

用户的使用情境通俗地说是指信息产品的最终用户使用该产品时的情形。但这个情形到底指什么？学界的意见并不统一。有些学者虽然使用该概念，但并未指明其具体含义，似乎认为这一概念不言自明（Barber，2005：125；Salvo，2005：73；Northcut & Brumberger，2010：460）。

Barnum 认为特定的使用情境（a specific context of use）是指"用户将要使用产品的环境"（2011：11）。这里的环境主要指物理环境，如办公室、家庭、公共场所等，其具体要素包括"工作空间、光线条件、获得文档的途径、使用的电脑类型、网络条件，甚至还包括诸如噪音等对用户的干扰等。总之，所有对用户阅读和使用信息产品有潜在影响的客观要素共同构成了使用产品的物理环境"（2011：39-40）。Dray 和 Siegel 认为使用情境不仅包括用户将要使用产品的条件，还包括他们使用产品的具体用途。（2006：294）但他们没有对具体含义进行进一步的阐述。

上述观点论及了使用情境的某一方面，但并不全面，例如，使用情境仅指使用产品的物理环境就忽视了使用产品时人的因素。所以我们认为，使用情境主要由使用目的、使用条件和使用方式三个要素构成。

一、使用目的

使用目的指用户获得信息并利用该信息完成何种任务。这些任务大致可分为主观、客观以及主客观三类（Anderson，2011：71）。我们认为主观任务通常指了解信息以做出决定或为以后的行动提供参考。例如，阅读网站上的产品介绍，决定是否购买该产品。客观任务通常指获取信息以指导实际行动。例如，阅读宣传手册掌握网上银行转账的操作步骤。而主客观混合的任务是前两者的结合，通常指在了解具体操作方法的工作原理等解释性信息的基础上来掌握相应的实际操作。例如，利用 SDL Trados MultiTerm 软件创建术语库以辅助翻译就需要了解该软件创建术语库的设计原理。因为该软件的操作相对复杂，用户要根据不同类型的术语数据采取不同的设置，所以他们如果仅知道操作步骤而不了解其中的原理，那么就很可能因设置错误而无法完成创建术语库的任务。在主客观任务中，客观任务通常起主导作用，而主观任务起辅助作用。用户了解陈述性知识完成主观任务是为了掌握程序性知识以完成客观任务，因为陈述性知识是对程序性知识的有益补充。这表现在以下三个方面：第一，它有助于用户记住程序性知识（Karreman，2004；转引自 Hovde，2010：181）；第二，它使用户理解不同操作选项背后的原理与使用前提，从而做出正确的选项设置；第三，它有助于用户处理特殊情形（Karreman，2004；转引自 Hovde，2010：181），如向用户解释错误信息的含义有助于用户排除操作失误。

由此可见，主客观混合的任务与客观任务虽然都是利用信息指导用户的实际行动，但前者一般涉及复杂的行动，需要用户掌握与行动相关的解释性信息才能在行动中做出正确的选择，许多办公软件（如 Photoshop 和 Powerpoint 等）的操作就属于这一类任务。而后者基本不需要用户对操作原理有太多了解，只要按照操作步骤执行下去就可以完成预定任务。例如，掌握网上购买火车票的方法就不需要了解为何要输入验证码，只要按照要求操作即可。

二、使用条件

使用条件指用户使用信息产品的物质条件与社会条件。物质条件就是 Barnum 认为的物理环境（2011：39-40），其中所包含的各种要素在特定情形下都有可能影响用户使用信息产品。例如，网络带宽直接影响网页打开速度，有些地区带宽不够，所以该地区的本地化网站就应以文字为主，而不能有过多的图片和音视频内容，否则网页打开过于缓慢，严重影响用户体验。

使用情境除了有形的物质条件或物理环境，还包括无形的用户使用信息产品的社会条件，或者说，用户自身对信息产品使用有潜在影响的社会因素，包括用户的社会地位、受教育程度、社交方式、在组织中的角色与地位、经济条件等。有学者对拉丁美洲网站上提供的解决电脑故障的信息进行了研究，发现用户利用这些信息并不能很好地完成特定任务。（Dray & Siegel，2006：287）研究者起初认为是排版或翻译的原因，但在对用户家庭进行实地走访后发现：在拉丁美洲有电脑上网的用户并不像美国有电脑上网的用户属于社会的普通大众，而是享有特权的人群。他们在家常有佣人服侍，所以电脑出现问题并不自己动手解决而希望电脑技师上门服务。（Dray & Siegel，2006：287）由此可见，用户的社会地位与心态有时比信息本身质量对信息的使用和接受具有更加重要的影响。

三、使用方式

使用方式主要指用户的阅读方式以及利用信息完成任务的方式。阅读方式因人而异，但在特定情形中多数用户的阅读方式往往相对固定。此外，如果本地化设计者了解到用户不同的阅读方式，那么他们在考虑多数人的阅读方式的同时就有可能照顾到其他阅读方式。例如，同样是产品介绍，有些用户可能会选择从头读到尾，而其他用户可能会只读自己认为关键的信息（如价格），所以本地化设计时既要做到信息翔实准确，又要利用视觉手段突显信息的内在结构，以方便用户查找所需信息。

用户利用信息完成任务的方式通常与所要完成的任务关系密切。完成主观任务的方式通常有记忆、比较、分析与评估等。例如，用户在了解一项新技术时有时会有意无意地把它与现有技术或同类技术进行比较，所以设计者可以有针对性地提供比较项，帮助用户完成其主观任务。而完成客观任务的方式通常是依据信息完成相关操作。用户一般不需要对信息进行比较，按章操作即可。

但是完成相同任务，不同用户利用信息的方式也不尽相同。以使用程序性信息为例，有不少用户采取边看边操作的"切换方式"（switching activity），以减轻工作记忆的负担。（Ganier，2007：306-307）而其他用户选择先通读整个操作步骤然后再抛开文档进行操作。（Ganier，2009）还有的用户不看文档先自己动手操作，遇到问题再查找文档中的相关信息。这些不同的信息使用方式对信息的布局与设计都有潜在影响。用户如果采用第一和第二种使用方式，那么设计者可采用"时间线性方式"（Ganier，2007：307）组织信息，而用户如果采用第三种方式，那么设计者可采用"功能模块方式"（Ganier，2007：307）。

总之，使用目的、使用条件和使用方式共同构成了用户使用信息产品的具体情形。本地化设计者只有充分了解用户的使用情境才能更加准确地把握最终用户的信息特质，进行更有针对性的本地化设计。

第四节　用户的信息特质

用户的信息特质由用户在特定使用情境下的主观的信息需求与客观的信息接受能力共同构成，是本地化设计者进行信息设计的重要依据之一。

一、用户的信息需求及其特征

用户接受信息，以满足自己的信息需求。如同人类的生理与心理等其他需求，人的信息需求复杂多样。概括起来，我们认为主要有以下十二类宏观需求：

第一，获得需求，即希望得到信息，希望能够通过人的感官捕捉到信息。这是满足任何信息需求的前提。

第二，理解需求，即希望能够明白信息的含义，无论该信息是符号化的还是非符号化的(如特定人的特定表情、手势、语调等)。

第三，可操作性需求，即希望信息能够指导用户完成具体的操作或掌握特定的技术。

第四，时效需求，即希望信息在特定的时间范围内能发挥作用，而时间范围可长可短。

第五，真实性和准确性需求，即希望信息能够真实准确地反映现实。

第六，正确性需求，即希望信息能够反映出人对现实的正确态度与观点。

第七，相关性和完整性需求，即希望信息数量符合用户需要，既没有冗余信息，也不缺少重要信息。信息量恰到好处。

第八，省力需求，即希望处理信息轻松容易，处理包括阅读、查找、理解、记忆、比较、分析等所有信息使用方式。

第九，规范性需求，即希望特定信息符合特定的文体规范、行业规范或组织规范。

第十，消遣需求和审美需求，即希望信息能够帮助用户放松精神，调节心情，或提供独特的审美体验。

第十一，溢出需求，即希望信息在满足人的实际需求外，还能体现他人对自己的尊重、认可或身份认同等。

第十二，个性化需求，即希望信息能够按个人意愿表述与定制，准确满足个人需求。这是前十一种需求的个性化体现。

以上十二种需求是人的主要信息需求，是人在大多数情形下的通常反应，但这并不排除在特定情形下人还会有其他类型的信息需求，比如刻意提供或接受虚假信息就是对信息虚假性需求的满足。这反映出人的复杂性。但这些特殊需求或多或少是与主要需求有关联的。如虚假性需求与真实性需求正好相反。

人的信息需求的复杂多样不仅体现在需求的种类繁多，还体现在需求的多元化，即人的信息需求往往不是单一的，而是多种不同类型需求的组合。例如，用户阅读产品手册，就是为了满足获得需求、理解需求、可操作性需求、真实性/准确性需求、相关性/完整性需求、省力需求等。而读者阅读文学作品通常是为了满足获得需求、理解需求、消遣审美需求等，有时还包括时效需求(如定期跟踪网上的连载小说)或溢出需求(如阅读白领中流行的小说以彰显并获得身份认同)。

人的信息需求虽然复杂，但它还具有两个重要特征：第一，情境依赖性；第二，层级满足。

情境依赖性是指人的信息需求的产生取决于信息使用的情境。正是因为使用情境的复杂才决定了人的信息需求的复杂性。上述所列的几类信息需求都具有情境依赖性，只是它们对情境依赖的程度不同而已。换句话说，不存在普遍存在于所有使用情境的信息需求。表面上看，获得需求与其他任何信息需求密不可分，但在现实生活中确实存在其他需求与获得需求相分离的现象。例如，小王想了解一本新书的内容，产生了对它的信息需求(如理解需求等)，但他同时知道这本书在图书馆的哪个书架上，而他现在又没有时间去看这本书，所以，他不想现在去借，不想现在就满足其信息的理解需求。所以，只有在人采取行动去满足其除获得需求之外的信息需求的情形下，获得需求才会与其他信息需求密不可分。与信息的获得需求相类似，人对信息的理解需求对使用情境的依赖程度同样不高。绝大多数情况下，人们获得信息需要先理解其中的意义，然后才能进一步满足其他信息需求。但在少数使用情境中，人获得信息并不需要理解其意。例如，有些房地产企业在刊登卖房广告时常会有意加上几句甚至整段的英文广告语，而这些英文常常纰漏百出，令人啼笑皆非。但这种营销手段依旧大行其道。这是因为在中国有些买房人并不需要理解这些英文，一是中文广告语已经提供了翔实的买房信息；二是有不少老年人不懂英语，但他们仍需要看到这些英文（有时还有法文），以满足自己的虚荣心，使别人认为自己品位高，有国际视野。而房地产商正是看中了这一消费心理，同时也以此来标榜自己楼盘的国际化品质。所以，无论是消费者还是开发商，他们对英文信息都只有获得需求和溢出需求，而没有理解需求等其他需求。

在这十二类信息需求中，除了获得需求和理解需求对使用情境的依赖度相对较低外，其他十类信息需求对使用情境的依赖度都相对较高。例如，可操作性需求一般产生于学习产品操作的情境之中，消遣和审美需求一般产生于休闲阅读的情境之中，时效需求则在上网浏览新闻时显现。而个性化需求很可能对使用情境的依赖度最高，只有在少数情形下才会产生。例如，某节日游园网站为游客提供定制化服务，游客只需根据网站上提供的节日活动安排去选择自愿参加的活动就可以生成一份适合自己的游览手册。目前个性化信息需求之所以还不普遍，一是因为目前的信息产品作为一种大众消费品基本可以满足用户的基本信息需求；二是因为当信息产品无法满足用户的特定信息需求时，用户还可以选择拨打客服热线或在线提问等其他方式解决问题，满足个性化需求；三是用户有时出于成本等因素考虑而放弃个性化需求；四是个性化信息服务的技术和理论尚不成熟，尚未实现商业化（Albers，2003）。但随着信息技术与信息服务业的发展，个性化需求可能愈发突出，对使用情境的依赖度可能也会随之降低。

　　层级满足指用户信息需求的满足通常遵循由低到高的顺序，即基本需求得到满足后，通常才能满足更高层级的需求。这十二类需求大致可分为五个层级。第一层级为获得需求，是满足其他需求的前提；第二层级为理解需求，通常是满足其他需求的基础。第三层级包括可操作性需求、时效需求、真实性需求、正确性需求、相关性需求、规范性需求、消遣审美需求，通常与具体的使用情境相关联，满足这些需求基本可以完成用户使用信息产品的大部分任务。第四层级为省力需求。第五层级为溢出需求与个性化需求。第四和第五层级体现了用户的深层信息需求，满足这些需求会显著提升用户体验。我们把这种层级划分称为信息需求金字塔(如图 3-1 所示)。

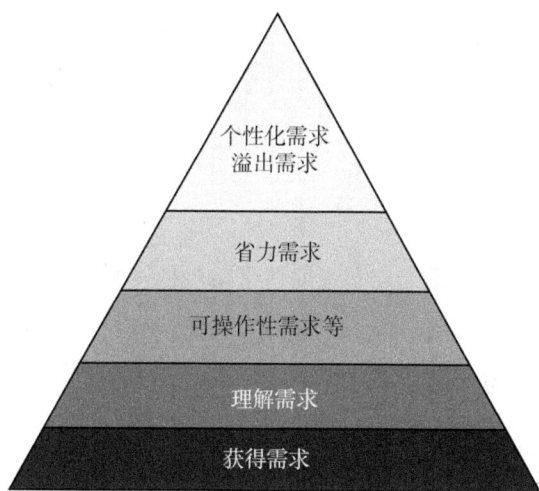

```
                    △
                 个性化需求
                 溢出需求
               ─────────────
                 省力需求
             ─────────────────
              可操作性需求等
           ─────────────────────
               理解需求
         ─────────────────────────
               获得需求
```

图 3-1　信息需求金字塔

　　值得一提的是，这些信息需求的层级划分只是相对固定，并不排除在特定使用情境中或不同地域文化中会出现局部调整。例如，用户手册通常是为了满足用户学习产品操作等可操作性需求，所以用户一般不产生审美需求，只要能满足用户从第一级直到第四级中相关的常规需求则实现了手册的可用性。但在日本用户中，他们还希望在手册中使用卡通形象，生动活泼地讲解操作步骤。在这种情形下，原本处于第三级的审美需求就跃升至第五层级。

信息需求金字塔体现了人的各种信息需求之间的内在联系，即一种信息需求的满足是以其他低层级需求的满足为前提，而该信息需求的满足又为更高层级信息需求的满足创造了条件，同时也反映出人的需求从物质到精神的深化。

以上信息需求可以说是最终用户的宏观需求，然而使用情境的不同，决定了用户除了宏观需求外还有许多更加具体的微观需求。例如，一款软件的功能很多，但有些复杂功能对大多数用户来说基本用不上，所以对广大普通用户来说，他们只对基本功能有信息需求，而对高级功能无信息需求。此外，软件实现特定功能的途径有时可能不止一种，普通用户通常并不会对每一种方法都产生信息需求，而只会对最简便易学的方法有需求。因此，本地化设计者不仅要了解用户的宏观需求，还要尽可能掌握其微观需求。

二、用户的信息接受力

用户的信息需求无论是宏观的还是微观的，能否得到满足取决于多种内外因素。具体到用户自身，这主要取决于其信息的接受能力。换句话说，用户的信息需求并不总是与其信息接受力相符，虽然对特定信息接受力差的用户通常会需要更多相关解释性信息，而接受力强的用户则与此相反，但是这并不排除用户高估或低估自身的信息接受力而形成与自身信息接受能力不符的信息需求。例如，有些软件用户认为自己电脑水平不错，查看帮助手册时往往不阅读其中对相关概念的解释，但从他们的实际操作看，他们并没有弄清楚一些基本概念，所以会出现操作失误。

用户的信息接受力主要取决于用户对信息产品的态度、用户对信息产品涉及题材的知识储备和用户的认知能力。

用户对信息产品的态度会影响用户阅读、理解和使用信息产品。人是受感情支配的，积极或消极的感情因素往往导致相应行为的发生。在信息社会中，各种信息产品的功能日益强大，但其复杂程度也随之增强，这使得不少普通用户对软件以及各类电子消费品产生一定的抵触或畏惧心理。他们认为电脑操作对他们而言并不简单，所以在阅读帮助手册自学操作时，一旦中途遇到困难就很容易放弃自学，甚至从一开始就对操作手册等信息产品抱有抵触态度，认为看了也学不会，干脆直接向他人请教或"外事问谷歌，内事问百度"，上网搜索解决问题。因此，本地化设计者了解了用户对信息产品的态度后就可以留意培养他们对新技术的好感，以帮助他们迅速上手操作，并坚持学习完成必要的任务（Mardsjo，1994：192；转引自 Hovde，2010：176）。

用户的知识储备，特别是对信息产品所涉及题材的了解程度直接影响他们对信息的理解。如果用户对特定领域的知识储备丰富，那么他们接受有关该领域的信息就相对容易得多，并且遇到错误信息时的抗干扰和排除干扰的能力也较强；反之，如果用户对特定题材不甚了解，那么他们接受该领域的信息要从基本概念和原理入手，必然要经过一个循序渐进的学习过程，同时他们对该领域的信息也往往缺乏判断力，不能辨识信息的真伪与正误。值得一提的是，用户对特定信息产品涉及题材的了解还包括他们对同类信息产品的了解，这些间接知识同样可以帮助用户理解和使用该信息产品。所以有的技术传播者就通过比较新程序与用户熟悉的程序的相似点来帮助用户尽快掌握新软件（Hovde，2010：194）。总之，本地化设计者了解了用户已有的知识才能在信息设计时有针对性地调整措辞方式以及决定提供背景信息的多少。

用户的认知能力主要指其理解特定信息的能力，包括一个人的阅读能力、受教育水平和生理/心理等因素。例如，受教育程度高的人通常掌握的词汇量较大，理解和分析问题的能力更突出。有研究表明，受教育程度高的人不仅能关注微观层面的信息，还能注意到宏观层面的信息安排（De Jong & Schellens，2001）。

Albers 认为一个人的"认知能力与知识水平不同，因为认知能力不关注一个人对话题了解多少，但关注他们能否轻松领会内容"（2003：269）。他还进一步举例说，传统的蓝领工人可能在自己的工作领域具有很高的知识水平，但他们的阅读技能可能低于平均水平。（2003：269）同理，航天工程师受教育程度高，分析推理能力强，但他们很可能对炼钢技巧知之甚少。所以本地化设计者除了要考虑用户的知识水平外，还要使设计出的信息产品尽可能地符合他们的认知水平。

第五节　了解最终用户的方法

本地化设计者对最终用户的社会文化时空、使用情境和信息特质了解得越充分，就越容易设计出令用户满意的信息产品。了解用户的方法通常有两大类：间接法与直接法。

一、间接法

间接法包括根据作者自己使用信息产品的经历来推断用户的使用特点、从与用户打交道的人（如推销员、售后人员、客服人员）那里获得用户反馈，以及研究市场调查报告等。间接法通常简单易行，成本低廉，但由于并没有与真正的用户接触，所得出的结论往往与用户的实际情况有出入，所以运用于设计后的效果并不理想。例如，软件生产中60%的错误是由不准确的用户要求造成的（Weinberg，1997；转引自Courage & Baxter，2005：21）。

二、直接法

直接法很多，常见的有以下七种方法：采访、问卷调查、需求分析、卡片分类、小组任务分析、焦点组讨论和实地研究（Courage & Baxter，2005：21-26）。

采访是一种经常使用的了解用户需求的方法。设计者直接向用户提出自己关心的各种问题，获得所需信息。其最大优势是能够从用户那里得到详尽的信息，但采访比较耗时，因为只有采访到足够多的用户，才能反映用户的整体特点。

问卷调查是以一种结构化的方式向每一位受访用户提出相同的问题。所谓的"结构化"是指用户在提供的可选答案中做出选择。问卷调查的优势是可以从大量的用户样本中获得定量数据。如果设计得当，数据分析比较迅速容易。此外，借助网络，问卷的分发也十分便捷。

需求分析可以直接提供用户希望产品所具备的特征、功能和内容等信息。通常包括两个步骤。设计者首先与一组用户就事先设计好的问题展开头脑风暴，如"您希望从理想的旅游网站上获得何种信息?"，记录下用户的不同答案，然后让他们从这些答案中挑选五个最需要的内容。需求分析不仅可用于验证现有产品的设计方案，还能发现用户认为有价值的新的产品特征，在产品开发的概念形成阶段尤为有用。而且需求分析的结果通常可以直接用于产品的功能和文档设计之中，无需过多的数据分析，时间消耗少，资源占用不多。

卡片分类法主要用于确定产品的信息结构，分为开放式和封闭式两类(Rubin & Chisenell，2008：18)。前者指用户把写有产品信息或功能的卡片根据自己对产品的理解分类到不同类别中，后者指用户把这些卡片按照设计者给定的类别来分类。(Rubin & Chisenell，2008：18)通过分析所有受访用户的分类，设计者就可以知道各种产品信息和功能之间的联系紧密度，并且根据用户所认定的这种联系紧密度来确定产品特征和功能的结构。例如，该方法可以用于确定软件一级标签与次级标签的结构，还可以确定界面上各类控件的位置安排。

小组任务分析是让一组用户(通常4~6人)共同讨论完成特定产品任务所涉及的操作及其步骤。设计者由此来决定产品中的任务流程。该方法简单易行，成本低廉，数据分析也比较容易，所以特别适合在时间和资源都有限的条件下进行。

焦点组主要用于收集用户对产品的态度、意见和印象。用户通常需要先利用产品原型完成指定任务，然后在组内(通常由8~10人组成)发表自己对产品的看法，并与其他用户充分交流观点。该方法通常可以在用户中激发出新的观点，有助于设计者发现用户在实际使用产品时遇到的问题、挑战和挫折以及用户对产品的好恶。但它通常不能直接提供有效的解决方法。

实地研究是多种可用性活动的总称，包括使用情境调查、现场采访、简单观察和见习训练等，又称为"人种学研究法"，因为该方法借用了人类学的一些研究方法（Rubin & Chisenell，2008：16）。实地研究时，研究者实地采访最终用户（在家中或办公室），现场观察他们使用产品的情况，由此更真切地了解用户的工作环境以及在工作中遇到的中断、干扰等在实验室中无法复制的因素。实地研究的优势是不受用户言论的主观性的干扰，可以获得真实可靠的用户数据，且内容丰富，但是数据分析的难度比以上六种方法都更大。

与间接法相比，直接法通常可以更加准确地获得用户的各种信息，为本地化设计提供更加可靠的依据。设计者可根据本地化项目的具体特点选择不同的直接法，并且采取"三角测量法"（triangulation），即使用一种以上的获取用户需求的方法，来相互印证所获得的用户信息的可靠性。（Markel，2009：118；Barnum，2011：260-261）而成功的网站设计需要至少四种不同的用户信息来源（平均为五种）（U. S. Department of Health and Human Services，2006：2）。三角测量法作为一种数据分析的手段，通常具有以下三个主要好处。第一，它可以从多角度证实获取信息的可靠性（Herrington，1985：334）。这种情况通常发生在不同来源的数据都支持某一发现时。第二，它可以使研究者利用不同方法的优势，实现不同方法间取长补短。这一点在结构化的定量调查与开放式的定性采访的结合上体现得最为明显（Herrington，1985：334）。第三，它可以发现与修正错误的数据。当数据之间存在冲突，说明存在错误数据，经过仔细分析比较不同数据来源可以把错误的用户数据排除，确保设计依据正确。

第四章　跨文化的信息设计者：
译者角色的转变

信息本地化是信息在全球范围内的跨文化传播，传者在其中发挥着至关重要的作用，决定着传播的内容、方式与效果，是不折不扣的跨文化信息设计者。他不仅要具备传统技术传播者的素质，还要具备全球视野，精通外语，并熟悉目标市场与目标文化。传统的单语技术写作者如果具备了这种跨文化信息设计的能力，就可以进行文档源设计甚至是目标文档设计。而译者在跨文化传播中的实践无疑为其成为本地化设计者提供了不少有利条件。他既可以用外语或母语进行文档源设计，也可以用母语从事目标文档设计。但译者不会自动成为本地化设计者，他必须熟悉其中的设计理念，具备相关素养。

第一节　跨文化信息设计的理念

无论是信息的文化内源发传播还是跨文化源发传播，二者都是为了实现特定的传播意图，例如，提供信息，说服他人接受自己的观点或采取自己希望的行动等。而传播意图的实现往往体现在受众的特定反应上。所以，源发传播如果要实现传播意图所期待的受众反应就需要充分考虑受众的特点与需求，提供有针对性的信息，以满足他们的信息需求的方式来实现传播意图。

本地化的数字内容通常不涉及文学文本，也不涉及法律文本，主要是技术与知识等实用信息。受众阅读实用信息往往是为了解决现实问题：获得知识，了解周围发生的情况，为决定或行动提供参考，或者掌握产品的操作方法，使用某个产品。如果传者提供的信息可以很好地帮助受众解决现实问题，那么受众就会认为该信息有用、好用而乐于使用和接受，从而在潜移默化之中实现了传者的意图。

因此，信息的可用性成为传播实用信息成功的关键。而可用性的衡量标准取决于受众，传者的任务在于设计出符合受众可用性需求的信息。这就是本地化设计的基本理念。

一、可用性的概念

（一）多学科视野中的可用性

可用性(usability)这一概念目前广泛使用于心理学、认知学、工程领域的人体工效学、计算机领域的人机互动和技术传播领域的信息设计等多个学科和研究领域。各个学科研究可用性都是为了提高设计水平(Douglas & Liu，2011：2)，但对可用性的定义并不相同。人体工效学提出可用性概念是着眼于产品设计中人与产品交互的特点与功能，心理学和认知学研究可用性主要是为了发现人脑对外界信息的接收特征，人机互动研究可用性是希望可以开发出更好的电脑、手机等电子产品；而信息设计和文档设计则从版面(或排版)设计和修辞方面研究可用性，帮助读者更好地理解和使用文档。

显而易见，技术传播学中信息设计的可用性概念与本地化关系最为直接，二者都关注信息内容本身，只不过前者关注的主要是文化内部的信息设计而后者关注的是跨文化的信息设计。然而，在技术传播学内部对可用性的理解也分为狭义与广义两种。前者仅指程序性文档(如操作手册)，能够帮助用户轻松便捷地掌握产品的操作方法，从"可以使用产品"的意义上讲具有可用性。后者则指所有技术文档(如手册、技术说明等)，无论是程序性文档还是解释性文档，只要能够让用户感到

"容易使用"就具备了可用性。本书认同广义上的可用性概念(参见"(二)多维立体的文档可用性")。

但是"容易使用"的具体含义是什么?不同学者对此的定义不尽相同。Dumas 和 Redish 认为"可用性是指使用产品的人们可以迅速而容易地使用产品来完成自己的任务。"迅速和容易是判断的两个指标(1999:4;转引自 Byrne,2006:98)。而 Rubin 和 Chisnell 提出(2008:4):"一个产品或服务真正可用时,用户可以按照自己希望的力所能及的方式,没有阻碍、犹豫或疑问地做自己想做的事。有用的、高效的、有效的、令人满意的、可学习的和可为残疾人使用的是衡量可用性的六个具体标准。"虽然他们提出的可用性含义与标准比 Dumas 等人更完整,但这些标准之间有些重叠,例如,"有用的"是指"产品帮助用户实现自己目标的程度,是衡量用户使用产品意愿的指标"(Rubin & Chisnell,2008:4)。这一标准实际上涵盖了其他五个标准。

国际标准化组织(ISO)对可用性的定义是"特定用户为实现特定目标在特定的使用情境中有效地、高效地和令人满意地使用某个产品的程度"(转引自 Barnum,2011:11)。该定义揭示出可用性的三个重要因素:

第一,特定用户,指产品设计所针对的用户,而不是任何用户。

第二,特定目标,指这些用户使用该产品具有相同的目标,这同时意味着产品的设计目标代表了用户的使用目标。

第三,特定的使用情境,指产品设计应当针对用户实际使用产品的情境。(Barnum,2011:11)

在这个定义中,衡量可用性的标准只有三项:有效性、高效性和满意度。该定义虽然得到了不少学者的认可(Quesenberg,2003;Barnum,2011),但它是针对所有类型的产品,而要在本地化设计中使用可用性这一概念还需针对软件与电子文档等信息产品提出更具有可操作性的定义。

（二）多维立体的文档可用性

我们认为文档的可用性是指"特定用户为了实现特定目标在特定的使用情境中有效地、高效地和愉悦地获得、理解和利用信息的程度"。这个可用性定义可以用图 4-1 所示的"可用性魔方"来表示。

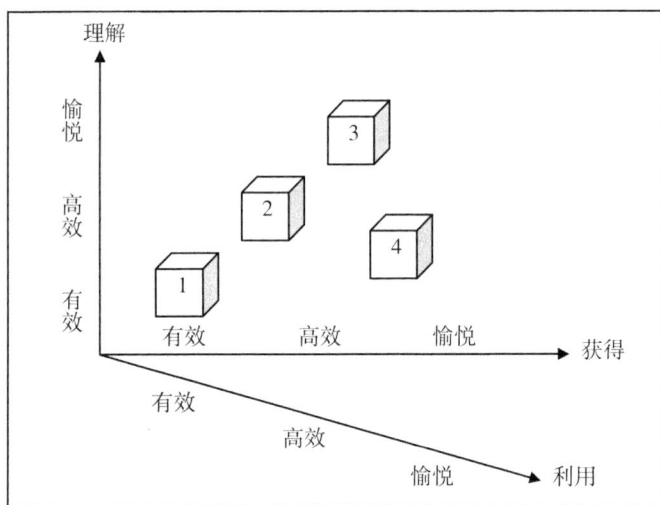

图 4-1　可用性魔方：多维立体的文档可用性

用户阅读文档是为了解决现实问题，通常按照获得信息、理解信息和利用信息的步骤进行。前两步含义明确，无需赘述。利用信息一般是指记忆、比较、分析、评估等，以及参照信息学习产品操作或掌握特定技能。例如，用户阅读程序性文档时主要是依据信息学会操作，而阅读解释性文档时虽然不进行相关操作，但记住阅读内容，作为将来行动的决策参考也是在利用信息。所以获得信息、理解信息和利用信息构成了衡量文档可用性的三个基本维度。

在每一个维度之中，由左至右，自下而上又各自分布着有效、高效和愉悦三个区间。这三个区间体现了可用性在每个维度上由低到高的变化。以"获得信息"这一维度为例，用户能够在文档中找到自己需要的信息，可以说实现了最基本的获得需求。因此，文档在提供信息方面是有效的。如果他能够迅速查找到所需信息，这说明文档能帮助用户高效地获得信息；如果他能够按照自己喜欢的方式（如内链接）迅速地找到所需信息，那么文档可以使用户愉悦地、高效地和有效地获得信息，因此文档的可用性在"获得信息"这一维度上对该用户而言就处于较高水平。而其他两个维度也是如此。而根据这三个维度综合确定的可用性魔方就可以直观地看出文档的可用性。例如，魔方 2 所代表的文档可用性在获得、理解和使用三个维度上都高于魔方 1 所代表的可用性，但在理解维度上魔方 2 比魔方 4 高，在获得维度和利用维度上低于魔方 4 的可用性。如果设计者希望对文档可用性进行"总结性测试"（参见第六章第三节中"测试计划"），定量分析其可用性，那么他在测试之前就要确定每一维度每一区域具体的"可操作定义与精确衡量标准"（Rubin & Chisnell，2008：9）。例如 IBM 公司就把文档的可用性细分为 63 条标准，每条标准由低到高确定五个等级（Hargis et al.，2004：387-390）。

　　理论上，文档的综合可用性越高越受用户青睐。但在现实中用户所需要的可用性因特定用户、特定目标和特定使用情境的不同而不同，需要文档设计者具体问题具体分析。例如，在同样的使用情境，即使具有相同的使用目标，不同用户对文档内容的获得需求也会不尽相同。有学者通过实验对比 20～30 岁年轻人和 60～70 岁老年人利用操作手册安装 VCR 后发现，操作手册中如果缺少操作目的信息和按键标识信息，老年人就容易操作失误，而年轻人则不会（Horen et al.，2001：429）。原因是老年人的推测能力下降，无法根据语境正确推测出缺失信息，而年轻人则可以。因此，对老年人而言，缺少这两类信息的文档在获得信息和利用信息方面的有效性差，文档整体的可用性自然较低。而对年轻人而言，通过语境可以推测出缺失的信息，完成操作任务，说明文档具备可用性中的有效性，但不具备高效性，文档整体的可用性也不高。

　　所以设计者设计信息时要达到预期的传播效果就应当至少满足用户

对文档的最低可用性要求。如果他能够提供比用户需要的可用性更高的文档，自然会受到用户的欢迎，但文档可用性的提高并非易事。这不仅取决于设计者的意愿和水平，还受到营销策略和产品成本等多方面因素的制约。

二、可用性在本地化中的重要性

在语言文化内的技术传播中，"可用性"是一个重要的概念，学者们不仅从学理上探讨可用性，而且还设计出各种方法来测试文档的可用性，提高可用性，提升用户体验。那么在信息的跨文化传播中，可用性是否也发挥着同样重要的作用？本节将探讨可用性在本地化中的重要性。

(一)本地化中的可用性现状

目前的本地化方法主要是翻译之后再把时间、日期、度量衡等文化专有项改为本地的规范，也就是前面提到的"浅层本地化"(参见第三章第二节"用户的社会文化时空：本地的含义")。该方法的理论预设是：如果原文是可用的文档，那么译文如果忠实通顺，再对一些文化专有项稍加改写，就可以确保译文的可用性；如果原文的可用性有问题，那么应当由生产商来解决，译者无权修改原文。

但实际上翻译的可用性不仅少有人关注，而且并不乐观。来自公司售后服务部门的数据表明(转引自 Ganier，2007：306)，有一些大众产品被顾客退回厂家，经检测没有发现任何产品质量问题。结果发现是因为产品使用手册的可用性不佳，导致用户无法学会产品操作而退货。这些产品的使用手册如果是翻译过来的，那么译文的可用性就很成问题；如果是未经翻译的，那么原文的可用性如此之差，假使今后再把它翻译为其他语言，其译文的可用性估计也不会太理想。

卡内基梅隆大学的 Karen Schriver 参与了一项译文可用性测试(Séguinot，1994：287)，在可用性实验室检验复杂音响设备操作手册的法语、德语和西班牙语译文的可用性。结果发现法国测试者的表现远比其他国家的糟糕许多。Schriver 怀疑问题不一定出在译者身上，而是因为法国测试者与其他国家的测试者相比缺少使用遥控器的经验，因为法国的电视台很少，法国人没有使用遥控器换台的习惯。因此，要确保法语手册的可用性应当增加更多的信息(Séguinot，1994：287)。

我们对 Trados 软件中文帮助的可用性测试表明(参见第六章第四节"目标文档设计的个案研究")，在第一轮测试中八名参与者无一人成功完成指定的操作任务，在测试后的采访中，五人表示不会再通过该帮助来学习软件操作。

由此可见，即使是忠实通顺的译文也未必能确保其可用性。

(二)译文可用性低的原因

在信息本地化中，翻译文档的可用性往往不高，主要有两个原因：

第一，原文的可用性不高。技术文档(如计算机软硬件产品手册)的可用性经常遭到顾客投诉，但仍旧没有明显改善。(Wright，2008：28)这除了因为文档信息的准确性不够以外，主要还存在信息设计的角度问题。有学者指出，计算机文档多是由计算机专业人员从技术开发者的视角为普通用户撰写，重在介绍产品或系统的功能，而不是从用户的视角与需求出发，重在帮助用户完成任务，解决实际问题。(Wright，2008：29)这就是以系统为中心的文档写作(a system-centered approach)的弊端(转引自 Wright，2008：29)。请看下例：

文档一：Subsequent installation of the HIGS feature allows InfoProduct to run unattended. (随后安装的 HIGS 功能可以使 InfoProduct 自行运转。)

文档二：If you want to run InfoProduct unattended，you must install the HIGS feature. You can install the HIGS feature after you install InfoProduct. (如果您想要 InfoProduct 自行运转，则必须安装 HIGS 功能。您可以在安装完 InfoProduct 之后再安装 HIGS 功能。)(Hargis et al.，2004：20)

用户读了文档一后只知道 HIGS 功能的作用，但不清楚该信息与自己的关系。他们读了文档二后就明白自己该做什么。可见不同的视角对文档可用性的影响是不同的。此外，软件开发者使用的行话（如 what-if analysis①）也常常给普通用户带来理解困难（Wright，2008：29）。所以软件开发者撰写的原文经过翻译仍保留了原有的系统视角与行话，这同样给译语用户使用文档带来不便，导致文档可用性不高。如果翻译过程中再出现错漏，那么译文的可用性将很可能进一步降低。

第二，翻译作为衍生传播模式无法完全克服原文的可用性局限。从可用性的定义以及前面的分析不难看出，可用性体现了文档与用户的关系，用户自身的特质、用户使用文档的特定目标和特定使用情境都影响着文档的可用性，当其中一个要素发生变化时，常常会引起可用性的改变。而且，文档的可用性越高，它的针对性越强，它与用户的关系就越紧密，对相关要素的改变也越敏感。当文档被译入另一种语言时，用户发生了很大变化，影响可用性的上述要素也随之发生显著改变。即使是忠实通顺的译文也常常很难充分适应用户的改变，因为译文的意义和意义表达方式在很大程度上仍受制于原文，受制于原文与原文用户的关系。换句话说，翻译的衍生性决定了译文虽然可以使用户有效地获得和理解信息，但不一定能使他们高效地与令人满意地获得和理解信息，也不一定能让他们有效地、高效地和令人满意地利用信息。

有学者研究了只经过翻译的网站的可用性后指出（Hillier，2003：11），网站的语言虽然是译语，但是网站设计的情境仍是源语文化的，这两者的不匹配会使熟悉译语文化情境的译语用户"不舒服"。（见图4-2）换句话说，翻译的网站往往在内容、结构和功能等方面仍是源语文化情境的产物，这与译语用户的文化情境不符，因而造成网站可用性的下降。

所以，在本地化设计中要确保文档的可用性就不能仅仅依赖翻译加

---

① 微软术语，指"模拟分析"。

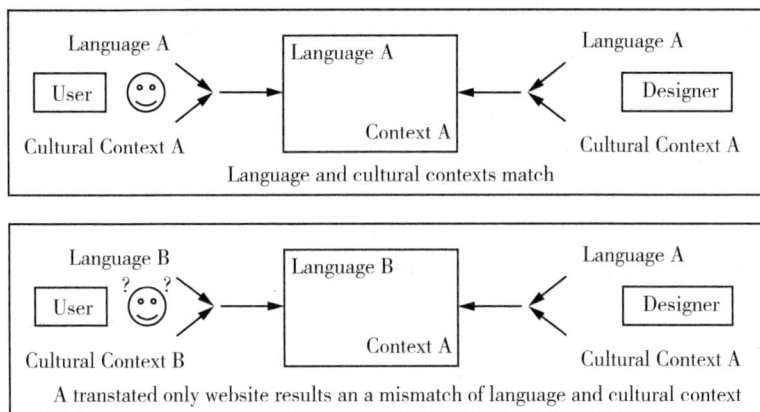

图 4-2

改动个别文化专有项的浅层本地化做法，而要根据用户的具体需求对文档源进行必要的调整，甚至是重新设计。

第二节　本地化设计者需具备的素养

少数翻译学者注意到在本地化中从事翻译需要具备有别于传统翻译的专业素质。马文丽认为从事本地化的译者虽然还是"主要负责语言转换"，但"翻译针对的是产品，面对的是市场"，所以"为满足本地化的行业需求"，他们除了应具有扎实的双语技能外，还需要培养效率意识、市场意识和团队意识。（2007：76）苗菊和朱琳（2008）认为本地化对译者的职业要求主要是具备电子技术能力和翻译实践能力。"至于翻译之后的文本需要改编以适应不同语言和文化背景的市场需求，此部分工作在很大程度上应该算作翻译之外的另一种工作。就改编的材料而言，除了翻译文本之外，还有声音、图像，甚至是一些硬件，这已经不再属于翻译的范围了"（2008：31）。

我们认为本地化设计者可能会从事一部分翻译工作，但这远远不是本地化设计的全部内容，因此他除了具备译者的能力素养外，还要具备跨文化信息设计的能力。该能力虽然会因他从事文档源设计或目标文档设计而有所不同，但总体上他须具备以下五种基本能力：

第一，用户分析与任务分析的能力。本地化设计的核心理念就是以用户为中心，并把该理念贯彻于设计的全过程。所以设计者在设计之前应当具备获取用户数据、分析用户特点、确定用户需求的能力（参见第三章"本地的最终用户"）；在跨文化信息设计之中，应具备从用户的视角解决一切设计问题的"移情"能力。

第二，主动获取有关产品知识的能力。本地化设计不总是与翻译一样有现成的文本作参照。文档的原始素材往往来自多个文档源，包括产品数据说明、设计图、内部培训文件和市场营销材料等，而最重要的文档源就是产品本身。所以设计者需具备从众多素材和渠道中获取有关产品知识的能力。

第三，多模态信息设计的能力。本地化设计的对象是多模态的电子文档（参见第二章第二节"多模态的信息产品"）。这就要求设计者不仅具备写作能力与文字排版能力，还要具备综合运用文本、色彩、图像、照片、动画、视频等多种符号资源进行信息设计的能力。他需要清楚"特定媒介类型结合在一起的效果与文本理解的认知原理以及读者或用户的行为方式"，这样才能做出有根据的设计决定（Risku，2004：189）。本地化设计者如果从事文档源设计，则还要学会使用受控语言，并根据风格指南进行写作（参见第五章第三节中"去语境化"）。

第四，可用性测试、分析与改进的能力。本地化设计满足用户对文档的可用性需求的关键是要通过可用性测试（参见第六章第三节"目标文档的可用性测试"）。设计者需要具备设计可用性测试、实施测试、分析测试数据和根据测试结果改进文档等一系列能力。

第五，项目管理的能力。本地化设计通常涉及文档源设计与目标文档设计，设计者常常需要与产品研发人员、市场营销人员、术语专家、软件工程师、可用性工程师和译者等合作工作，要具备对本地化项目进行管理与控制的能力。设计者需要根据时间和资金等客观条件对整个设计过程进行计划安排，确保设计能按时保质保量完成，实现产品的全球同期发布。

　　以上这些能力素养是译者转变为本地化信息设计者必须具备的。他们既可以通过在学校学习培养这些技能，还可以在实际工作中逐渐掌握它们。

第五章　本地化设计中的文档源设计

在全球推广一个信息产品并且在不同地域都要确保其可用性，是一项艰巨的任务。这涉及产品的设计开发模式、公司的经营理念与市场战略、本地化设计水平等诸多因素。单就本地化设计而言，传统的一对一或一对多的翻译方式无法有效实现上述目标。因此本书提出本地化设计通常可采用文档源设计与多语种目标文档设计相结合的方式，在确保文档源多维可用性中的有效性的基础上实现其在不同目标地域中定制化的可用性。本章论述文档源的设计过程，第六章则论述目标文档的设计过程。

第一节　全球化跨文化传播的三种方式

我们认为信息在全球范围内的跨文化传播，即从一个原语文本到众多目标语文本的方式大致有三种：接力式、并列式与辐射式。

接力式指信息从原语译入一种目标语，再从该目标语译入另一目标语，由此使信息接续传播到更广阔的地域。这种方式耗时较长，信息损耗大，与原语信息相比，信息的准确性随传播环节的增加而下降。但这种方式是信息交流不畅时代(如农业社会)的主要传播方式，对当时社会的发展起到了积极作用，如在古代，佛经从印度经中国传入日本，而在近代，许多西方科技知识则经日本传入中国。

并列式指信息从原语先后译入不同的目标语，各个目标语文本单独与原语文本发生直接联系，而相互之间一般没有联系。这是一种松散的多个一对一相互平行的模式。与接力式相比，这种方式缺少了传播的中间环节，信息损耗较小，准确性较高，而且一次传播的质量不会影响其他传播。

辐射式指信息从原语同时译入不同的目标语，这甚至还包括原语文本生成的同时生成多种目标语文本，是一种结构紧密的一对多。这种方式可以使信息在最短的时间内传播到全球大部分地域（地域范围取决于生成目标文本的语言种类与数量），信息传播的效率高。例如，把《哈利·波特》译为多国语言。

目前本地化行业中的翻译模式和浅层本地化都属于辐射式传播。该模式以高效的信息传播方式，实现了产品的全球同期发布。但它与前两种方式一样，译文的可用性受制于原文，很难充分满足最终用户对文档可用性的需求。即使是经过国际化的原文，也只是主要解决了部分原文可用性中理解维的问题，而其他维度的可用性问题大多尚未解决。这无疑给多语目标文档的可用性设计带来了困难，无形中增加了本地化的成本。而在信息社会不断发展的背景下，信息在全球传播的可用性问题关系到信息质量，将逐渐成为未来关注的焦点。

本书提出的本地化设计过程与方法就是从文档源设计开始为实现多语文档的可用性打下良好基础，然后在目标文档设计时进一步落实和提升目标文档的可用性，最终满足不同目标地域最终用户对可用性的定制化需求。换言之，这是一种"深度本地化"。这如同先建成一栋结实耐用但质朴无华的大楼，然后再根据每层楼或每个房间不同主人的个性化需求对楼层或房间进行定制化装修改造，最终实现居住在这座大楼的每个人都心满意足。

本地化设计在实现可用性上的特点如下：

第一，从源头上确保了基本可用性。如果源文档设计时充分考虑到全球用户的总体特点与需求，不仅可以有效提高目标文档翻译与设计时理解的准确性与效率，还可以为目标文档在信息的获得和利用上实现更高的可用性打下坚实基础。

第二，克服了翻译衍生传播模式给目标文档带来的可用性局限，能够灵活地针对目标地域用户的具体需求进行信息设计，实现文档可用性的全球共性与本地个性的统一。

第三，文档源的设计缺陷容易传导至全球范围。但是由于目标文档设计环节的存在，这又能在一定程度上减少这种情况发生的几率。因为目标文档设计不只是参照文档源，还要结合产品本身以及其他信息来源进行，而且要经过可用性测试的检验，并不会像翻译那样完全依赖原文，所以设计者更容易发现目标文档的可用性问题，并可以采取多种手段来弥补与改进文档。

第二节　文档源设计的目的

文档源设计的目的是为了从源头上确保多语文档的基本可用性，因此设计者需要考虑影响信息可用性的各种因素，但与目标文档设计不同的是，设计者所面对的不是某一地域的用户，而是全球的用户，需要考虑的是全球用户的普遍特征。因此，文档源设计阶段所实现的文档可用性只能是适应全球通用用户（generic users）需求的，使他们能够有效获得、理解和利用文档信息。这与不同地域最终用户的需求，无论从语言、内容还是风格上一般会有一定的距离，文档源通常还要经过目标文档设计才能使用户真正有效、高效和愉悦地使用文档。

文档源的写作一直是技术传播者或技术写作者的工作。但以往的技术写作者一般不从事技术翻译，这往往导致技术文档在翻译时遇到许多困难，即使是正确的翻译有时可用性也不高。因此，英美技术传播界提出"为翻译而写作"的主张，开始重视翻译问题，并邀请译者参与文档源的开发，向其咨询异域文化对文档使用和设计的要求，这样一来，译者也逐渐了解了技术写作的特点与方式。有些译者甚至成功转型成为技术传播者（Risku，2004）。所以在全球化的公司中出现写作与翻译不断融合的趋势（转引自 Harley & Paris，1997：114，），公司内部的译者也开始从事文档源的设计与开发。

第三节 文档源的设计思路与方法

本地化设计者通常用英语设计文档源。因为英语比其他语言具有更强的适用性，可以方便更多地域目标文档的设计。当然，设计者也可以使用母语来设计文档源。但如果设计者的母语不是英语，那么可能会因为缺乏懂得该语言的外国译者而影响目标文档设计。我们在本书中讨论文档源设计时都是以英语为例。

从文档可用性的角度看，信息的理解、获得和利用的有效性是文档源设计的重点。

一、信息的理解

信息在全球范围内传播，由于各地使用的语言不同，所以实现信息可用性的第一大障碍就是理解难。即使是在技术传播中使用世界通用的英语，由于不同地域人们的英语水平不同，对英语国家文化的理解不同，传者与受众对英语文化情境（cultural context）了解的差异仍会给双方交流带来一定困难。为了使文档源在全球范围内更易于理解，大致有两类方法：第一，去语境化，即人为地简化英语，使非英语母语的译者理解文档源时不需要借助太多对英语文化情境的掌握；第二，语境化，即在正文之外补充省略的文化情境信息，有助于准确理解文档源。

（一）去语境化

在第一类方法中主要又有两种常见方法：一是使用受控语言（controlled language）；二是使用风格指南（style guide）。

受控语言是"一种在词汇、语法和风格上受到明确使用限制的自然语言"（Munday，2009：115）。根据使用的领域不同，人们开发出不同的受控语言，例如，欧洲航空业使用 AECMA SE 简化英语，美国重型设备制造业则使用 CTE（Caterpillar Technical English）。但这些受控语言都是为了减少文本的歧义和降低文本语义的复杂度。其具体表现为：

在词汇上，受控语言使用的词汇数量有限，如 PACE（Perkins Approved Clear English）只有大约 2500 词（Nyberg et al.，2003：255）。同一个意思只用一个词表达，如规定使用 prevent 而不用 preventive，用 right 而不用 right-hand。而且这些选中的词词义单一，如 fall 只能表示"因重力而向下移动"，而不能表示"减少"（Nyberg et al.，2003：251）。

在语法上，受控语言要遵守特定的写作规则。例如，PACE 受控英语就明确不能使用省略结构，不能省略连词或关系代词，也不能使用多个并列名词等（Nyberg et al.，2003：255）；有的受控英语还规定不能使用被动语态（Nyberg et al.，2003：247）。

在风格上，受控语言同样要遵守特定的写作规则。例如，使用短句，甚至还规定句子的长度不能超过 20 词（Nyberg et al.，2003：247）。

受控语言通常可分为两类：针对人的受控语言（human-oriented controlled language）和针对机器的受控语言（machine-oriented controlled language）。前者意味着由人来翻译由该受控语言写成的文档，而后者意味着由机器来翻译由该受控语言写成的文档。总体上，这两类受控语言的共性远大于其差异。在微软的风格手册中，后者甚至包括前者（Microsoft，2012：35）。但两者之间也有一些明显的差别。例如，针对人的受控英语就规定条件状语从句必须先于主句，因为人更容易理解这一结构，但在针对机器的受控英语中则没有这一规则。相反，针对机器的受控英语限制代词的使用，而针对人的受控英语则没有这一限制，因为人可以根据语境判断出代词所指代的内容，而机器很难做到这一点（Nyberg et al.，2003：247）。

研究表明，使用受控语言可以使文档更易于理解，对复杂文本和非英语母语的读者尤其有效（Nyberg et al.，2003：258），因此可以帮助母语为非英语的译者在翻译时更好地理解原文。而采用特定受控语言在特定领域内进行机器翻译也并非罕见，其翻译质量也得到了相关行业的认可。

除了使用受控语言，去语境化的另一种方法是使用风格指南。风格指南是指公司为本公司的产品和服务所确定的统一的语言表达要求。有的公司的风格指南还成为行业规范。如微软的风格指南已成为软件行业的规范。与受控语言相比，技术文档的风格指南涉及可用性的内容更广泛，不局限于文档的可读性。仅就文档的可读性而言，风格指南与受控语言在要求上也有所不同。

在词汇上，它没有明确限定使用词汇的数量，但往往提倡尽可能使用小词，如用 use 而不用 utilize；在词义上，虽然没有强调一词一义，但要求使用不易引起歧义的词，如使用 because 而不用 since 和 as；在语法和风格上，风格指南似乎比受控语言的要求更加具体，例如，微软提倡使用主动语态，但也没有完全禁止使用被动语态，而是规定在以下三种情况下可以使用被动语态(Microsoft，2012：34)：

1. 为了避免啰嗦或别扭的表达；

2. 当不知道施动者或强调动作的受动者时；

3. 如果让用户作为施动者会含有指责用户或高高在上的意味时，特别是在错误消息和有关诊断错误的内容中遇到此类情况时。例如，

An error occurred while the update was being downloaded.（微软风格）（Microsoft，2012：9）

An error occurred while you were downloading the update.（非微软风格）

值得注意的是，大型全球化公司由于产品众多，都特别强调语言表达在术语使用与句子结构上的一致性。术语一致可以消除用户理解概念时不必要的困惑，而句子结构一致，"用户看到同类信息总是用相同的句子结构来表述，他们就知道要讲什么，这使得内容更易于理解"（Microsoft，2012：3）。相同的句子结构常常用于描述操作步骤、用户界面的操作和交叉参考。例如，

On the Tools menu, click Options.

On the View menu, click PERT Chart.

此外，风格指南还往往强调在文档中消除具有原语文化特色的文化

专有项，如成语、俚语、涉及当地流行文化的词语等，因为这些词语都会给不熟悉原语文化的译者带来不小的理解困难。在信息社会，虽然互联网发达，大大方便了资料查找，但是查询这些文化专有项毕竟要花费译者不少时间和精力，必然会减缓翻译速度。

(二)语境化

为了帮助译者更好地理解文档源的第二类方法是补充其所需的背景知识。主要又分为被动式补充与主动式补充两种。前者是指文档源设计者只有在译者向其咨询文档源理解难点时才提供必要的背景知识；后者是指设计者在设计文档源时就已提供了必要的背景知识方便译者理解。

在 20 世纪 90 年代，全球化的公司开始重视翻译质量，把翻译部门与技术写作部门有意安排在一起，（Séguinot，1994）这样译者和技术写作者可以及时沟通，解决文档设计中的困难。后来当公司把翻译外包给其他公司后，虽然有了互联网等通信手段，但沟通还是不如以前顺畅。所以有的公司(如惠普)就干脆把技术写作与本地化都外包给一家本地化公司。这样技术写作者与译者就可以实现充分的互动了。（Combe，2000：103）

被动式补充与主动式补充各有特点。被动式往往是因为设计者不了解外语，或对外语的了解有限，不了解异域语言文化与用户特点，因而无法预知文档会给翻译带来的具体困难。如果译者遇到的问题属于特定语言的翻译问题，那么被动式可以很好地解决问题。但如果译者遇到的问题属于不同语种本地化过程中的共性问题，不同译者分别咨询设计者就会导致重复劳动。这种情况下，主动式的优势就突显出来了。设计者根据本地化的内容、用户特点以及自己的设计经验，预判在翻译中可能会遇到的理解障碍，然后在文档内解释难点，或在文档外提供注释与术语表，从而做到意义的明确与统一。译者翻译文档源时并不需要把这些补充信息都翻译出来，他只需根据本地用户的需求来决定这些内容的取舍。这在处理文化专有项时尤其有用。这同时意味着在文档源设计时对文化专有项的处理并非一味消除其文化特色，解释清楚其文化内涵反而保留了进一步本地化的空间。如果设计者主动补充的内容依旧无法解决译者的理解困难或给译者带来了新的理解困难，那么在条件允许的情况下，译者可以直接咨询设计者。所以主动式补充与被动式补充可以同时使用。

二、信息的获得

本地化设计者在设计文档源时除了要关注文档的可读性，更重要的是要从全球通用用户的视角审视内容的完整性、细节的充分性和查找的便捷性，为目标文档的可用性设计打下良好基础。

（一）内容的完整性

设计者在选择写作内容时主要有两个考虑：传者意图和受众需求。前者指信息产品生产者希望产品实现的目的，后者指信息产品的最终用户（即消费者）希望利用该产品完成的任务以及怎样完成该任务。在本地化领域，传者的意图大多是让用户了解产品性能，说服他们购买产品，帮助他们掌握产品操作等。而用户通常在购买之前也想了解产品，比较其性能价位以便决定是否购买；在购买之后，他们则希望掌握其操作方法。

能否实现可用性的关键是生产者提供的信息产品能否以及在多大程度上满足用户的使用需求。因此，设计者不仅要看生产者能够提供哪些产品信息，更要站在用户的角度选择能够满足其需求的信息。但在全球化信息设计中，用户特点的差异很大，如何筛选对他们有用的信息是个难题。

但是无论用户的差别多大，生产的产品总是固定的，用户使用该产品的目的和使用情境也相对固定，或者说以上两个要素在用户中的共性要大于个性，因此设计者掌握了产品本身的性能就可以根据用户的使用目的和使用情境对信息产品的内容做出大体的取舍，满足全球用户的普遍需求。至于不同文化地域的个性化需求则留待目标文档设计时解决。

(二)细节的充分性

本地化设计者在确定了设计内容后就需要进一步考虑每一项内容应提供的细节的多少。理论上，这决定了能否帮助用户顺利完成其任务。但问题是设计者受自身文化的影响，他认为适当的细节未必普遍适用其他文化。在文档源设计环节，设计者面对的是全球用户，不同文化的用户对完成同一项任务所需的信息细节是不同的，因为他们各自的文化对语境信息的需求不同，由此形成强语境文化与弱语境文化之分(Hall，1976)。在强语境文化(high context culture)中，如日本等东亚国家，传播信息时提供的背景信息较少，受众需要自己补充大量的背景信息才能正确理解。而在弱语境文化(low context culture)中，如德国、美国和北欧等国家，传者通常在传播信息时会提供不少相关的语境细节，受众不需要自己再补充背景信息就可以正确理解。所以，强语境文化中的受众通常不需要提供大量的背景信息，如果提供了他们反而会感到反感；而弱语境文化中的受众通常与此相反，希望提供大量的背景信息。如果没有提供他们会认为作者不重视自己的需求。(Anderson，2011：80)例如，荷兰用户在读操作手册时注重实际的操作方法，而法国用户不仅注重实际操作，还希望了解之所以这样操作的技术细节。(转引自Flint，et al.，1999：241)那么，理论上解决这一问题的思路有两个：第一，设计者按照弱语境文化用户的需求在文档源中为全球用户都提供大量的背景信息，然后在目标文档设计时再根据具体目标地域文化的特点对语境信息做出取舍；第二，设计者按照强语境文化用户的需求在文档源中不提供太多的背景信息，但同时提供准确理解文档源的参考资料，如词汇表与背景知识等。但在实践中，这两种做法都不太可行，因为它们忽视了设计者自身所处的文化在很大程度上决定了其对细节取舍的多少，不论该文化是被贴上弱语境还是强语境的标签，在全球范围内，总有比该文化对语境的依赖度更弱或更强的文化，设计者往往很难确定需提供语境细节的多少，因此以上两种方法均不具有可操作性，而且第一种方法很可能会使文档源比较臃肿，导致翻译成本的上升。

比较切实可行的方法是设计者立足自身文化，用母语设计自认为可行的文档源，但同时提供必要的参考资料，以弥补文档源有可能缺失的背景信息。美国的医疗器械制造公司 Medtronic 已在本地化中尝试此方法，并把大量的参考资料放到专门的网站上，取得了不错的本地化成效（Walmer，1999）。

（三）查找的便捷性

信息查找的便捷性也是文档源设计不能忽视的一个方面。这在电子文档与数字文档普及的信息时代尤其重要，因为用户在屏幕上如果像读印刷文字一样一字一行地看，由于屏幕分辨率的原因，阅读速度通常比纸质阅读慢 20%~30%（Byrne，2006：75），而且眼睛容易疲劳，所以用户在阅读电子文档时通常采用浏览的方式，希望尽快找到需要的信息。

设计者设计的信息方便读者查找，将有助于提高用户的满意度与文档的可用性。实现这一点主要有两条途径：文本组织与视觉引导。

文本内容组织混乱不仅会给用户理解带来障碍，而且还妨碍信息查找；反之，内容安排合理就能提高用户使用文档的效率。文档源设计针对的是全球用户，所以合理安排信息的标准要能使全球大部分用户接受。例如，软件操作按照操作的先后顺序组织，操作中遇到问题就可以很方便地查找。信息组织还可以根据产品的功能进行。有研究表明，产品手册以操作步骤和产品功能两种方式组织信息可以有效提高其可用性。（Ganier，2007）此外，还可以按照产品信息的类型把同类信息组织在一起，如技术信息就可以按概念、任务和参考资料三类组织，也可以按其他类别归类。但设计者需确保分类尽量客观，不能使用户对分类产生分歧。例如，软件帮助中如果按入门用户和高级用户来划分帮助话题就容易使用户找错位置，因为用户遇到问题后首先要判断该问题是属于入门用户的还是高级用户的，而他们的判断有可能受主观因素的影响而与实际不符，这就会给查找带来不便。因此设计者组织文本时一定要选择用户可以普遍接受的方式。（Hargis et al.，2004：267-269）。

视觉引导指通过视觉化的手段突出信息及其内在联系，方便用户及时准确地定位信息。其主要设计手段有字体与版面设计，并且在设计中要做到前后一致。字体的变化，如大号、加粗、斜体等，都会形成文档在视觉上的前景化，而前景化字体所承载的信息更容易引起用户的注意。此外，统一的版面设计从视觉空间上明确了文档内容之间的联系，可以"减少歧义，使用户能更迅速地与更有信心地浏览内容"（Microsoft，2011：4）。如图 5-1 所示（Microsoft，2011：6）：

Language

Use everyday words when you can, and avoid formal language that you wouldn't use when speaking to someone in person.	This guideline is especially important if you're explaining a complex technical concept or action. Imagine looking over the user's shoulder and explaining how to accomplish the task. *Microsoft style* Follow these steps to change your password. *Not Microsoft style* Use this procedure to change your password.
Use short, plain words as much as possible.	Shorter words are more conversational, save space on screen, and are easier to scan. Plain words are often easier for non-native English speakers and can reduce translation and localization costs. *Microsoft style* This section also shows you... Digital cameras use tiny microchips... *Not Microsoft style* In addition, this section shows you... Digital cameras utilize tiny microchips...

图 5-1

左上方是标题，概括出下面的具体内容。屏幕从中间分为左右两列，左列表明具体的风格要求，而在右列对应区域则是对该风格要求的详细说明。说明中字体突出的小标题"微软风格"与"非微软风格"的下方则分别列出具体的例句。该布局还刻意通过左右排列的方式增加了空白区域（与上下排列相比）使用户更容易查找到自己需要的信息。而且，这样的版面设计在长达四百多页的微软风格手册中都是统一的，用户只要熟悉了其中一页内容与布局的关系就可以很轻松地在全书中查找信息。

三、信息的利用

本地化的目的是让不同地域的最终用户使用信息产品高效地完成任务，不论任务是客观的软件操作还是主观的购物决定。所以，设计者在文档源设计时要从用户的角度考虑信息的获得与理解，最终服务于用户有效、高效与满意地利用文档，完成特定任务。实现这一目标，至少可以从文档的准确性、相关性和易操作性入手。

（一）文档的准确性

技术文档反映客观现实，帮助人们了解事实，掌握产品操作，因此，信息准确无误是实现这一切的基础。与译者不同，本地化设计者不应只依赖已有的有关产品特性的语言文字资料，还应在设计之前亲自使用实际产品，获得第一手的可用性体验，才能提供更加准确的信息，提高文档的可用性。

设计者除了亲自接触产品外，还需要从本地化最终用户的视角判断文档信息的准确性，因为视角不同对同一事物的描述有时就会有出入。请看下例：（Lentz & Hulst，2000：320）

What if you temporarily go abroad？…

这是荷兰政府为宣传机动车征税所发布的小册子中的一句，从荷兰语直接译入英语，同时还译为法语、西班牙语、土耳其语和阿拉伯语，目的是告诉在荷兰居住和工作的外国人如何交纳机动车税。这里的英译文是正确的翻译，但仍存在可用性问题。荷兰语原文是针对本国人的，原意是荷兰人临时离开荷兰仍需交纳机动车税。但是直接译入英语后，在荷兰居住的英国人会把"go abroad"理解为离开英国在荷兰居住，所以他们抗议身在荷兰却仍需向英国交纳机动车税。这一问题在其他几个语种的版本中也同样存在。造成原文信息准确性缺失的原因是写作和翻译时都没有从最终用户的角度出发。所以荷兰政府发现问题后重新改写了荷兰语原文，然后再把它译入其他语种。实际上，在荷兰语中把表示"go abroad"的短语改为"leave Netherland"就可以解决问题。

(二)文档的相关性与简洁性

文档的相关性是指从用户的视角判断文档没有与完成任务无关的冗余信息，或者说，没有无助于完成任务的信息。如果说用户获得利用文档所必需的信息是完成任务的基础，那么文档的相关性则解决利用这些信息完成任务的效率问题。用户为了完成特定任务不仅可以在文档中找到需要的信息，而且不必因为阅读那些冗余信息而降低工作效率。所以，文档源设计也应为实现文档的"最佳相关性"打下基础。但不同地域文化的用户对信息相关性的判断可能会不尽相同，被某目标地域的用户视为相关的信息有可能被另外地域的用户视为不相关，所以在文档源设计环节，本地化设计者无法完全解决该问题，而只能留待目标文档设计时彻底解决。但这也不意味着设计文档源时不用考虑文档的相关性，与用户完成任务无关的内容还是应该被排除在文档之外。

文档的相关性关注的是文档内容是否与用户所要完成任务涉及的话题有联系，而细节的充分性是在文档具备相关性的前提下关注提供背景信息的多少。此外，文档的相关性取决于信息利用的方式，而细节的充分性着眼于提供必要的背景信息，方便信息的理解。例如，用户购买产品需要了解产品的性能，一般不需要了解生产该产品的公司的治理结构，所以有关该公司治理结构的信息在这一使用情境中就是非相关信息。但是如果用户想要购买该公司的股票，那么有关该公司治理结构的信息就是相关信息。如果用户在阅读此信息时遇到"CFO"一词而不知道其全称时，那么这就涉及细节的充分性问题。

与文档的相关性类似，简洁的文档同样可以提高文档的使用效率，因为在不改变可读性的前提下，文字的减少往往可以减少用户的阅读时

间，而且可以降低翻译成本。例如，微软风格手册中就对此做出两条
规定：

"省略无用的词"，即一个词可以表达清楚就不必使用两个或三
个词。

Follow these steps to change your password. (微软风格)

Follow these steps in order to change your password. (非微软风格)

"省略没有必要的副词"：

It isn't difficult to change your password. (微软风格)

It isn't terribly difficult to change your password. (非微软风格)

有些研究者认为，简洁的风格要求，如 PACE 中"省略多余的词"，
会适得其反(Nyberg et al. , 2003：257)，因为这样的规定并没有明确说
明哪些词是多余的或无用的，这会导致把一些有助于理解而从语法上可
以省略的词省略掉，如 that，who，the 等。例如：

1. After a process creates a resource, any process it starts inherits the
resource identifiers. (Kohl, 1999：150)

2. After a process creates a resource, any process that it starts inherits
the resource identifiers.

第 1 句和第 2 句语法上都正确，虽然第 2 句不如第 1 句简洁，多了
that 一词，但该句对所有读者(母语为英语的读者和母语为非英语的读
者)以及机器翻译系统来说更容易正确分析出句子结构(Kohl, 1999：
150)。

我们认为，简洁风格本身并没有问题，关键是设计者在执行这一风
格要求时不应把它与其他风格要求孤立开来。例如，微软要求省略无用
的词，但同时在针对世界范围内受众的风格指南中明确规定应"使用像
that 和 who 这样的可选择性代词(optional pronouns)与像 the 这样的可选
择性冠词(optional articles)"，因为这些词可以为母语为非英语的人标
明句子结构或名词词性，消除潜在的歧义。(Microsoft, 2011：34)所
以，可选择性代词和可选择性冠词在微软风格指南中都不属于无用的
词，不能因为遵守简洁风格而省略。与此类似，PACE 的第二条写作规

则规定"省略多余的词"，同时第七条规定"不能省略连词或关系代词"，所以连词和关系代词也不属于多余的词，不能省略。（Nyberg et al.，2003：255）总之，文档源设计时注重文档的简洁性应以不妨碍用户对文档的理解为前提。

（三）文档的易操作性

程序性文档（procedure document）是技术文档中很常见的一类文档，如用户手册、在线帮助、使用说明等，主要是帮助用户掌握产品的具体操作。随着现代电子产品的功能日趋复杂，这类文档对产品的重要性愈发突出，它们的质量直接关系到用户对产品的满意度。程序性文档与概念性文档不同，除了提供真实准确和容易理解的操作信息外，还要具有易操作性，即方便用户依据文档进行相关的产品操作。

文档源的设计者由于通常比目标文档的设计者更容易接近产品的研发人员、市场营销人员和产品本身，在实现最终文档的易操作性上具有先天的便利条件。所以，程序性文档在文档源设计环节就应当注重文档的可操作性。设计者通常可采用语言手段和非语言手段来实现这一目标。

语言手段指进行以任务为导向的写作；非语言手段主要指图文配合与排版布局。我们先讨论语言手段，再探讨非语言手段。

用户使用程序性文档通常是为了完成具体的操作任务，因此，设计者应当从用户所要完成任务的角度进行文档源设计，主要处理好以下两个关系：第一是真实任务与人为任务之间的关系；第二是任务话题与概念话题之间的关系。前者多见于简单程序性文档，即只包含程序性信息的文档；后者多见于复杂程序性文档，即同时包含程序性信息与概念性信息。

真实任务（real tasks）是无论用户使用何种产品都想要完成的任务，而人为任务（artificial tasks）是产品强加给用户的任务。（Hargis et al.，2004：27）例如：用户想用软件编辑表格，"编辑表格"就是真实任务，而"使用表格编辑器"就是人为任务，是从产品功能的角度来描述该任务。设计者应当从真实任务而不是人为任务入手设计程序性文档，因为这样的文档与用户的关联性更高（Hargis et al.，2004：29），更利于用户理解与使用。但在产品开发与设计过程中，设计者如果长时间关注于产品功能，就很容易忘记真实任务与人为任务之间的差别，并往往以人为任务替代真实任务。请看下例。(Hargis et al.，2004：29)

如图 5-2 所示，"Using the Address window"这一帮助话题告诉用户如何使用"地址窗口"以及怎样填写其中的字段，但并没有解释用户的真实任务是什么，而且还包含了与真实任务无关的人为任务。

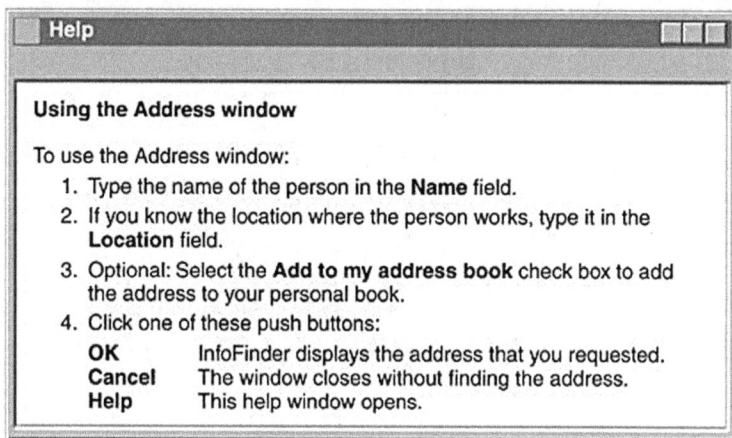

Help

Using the Address window

To use the Address window:

1. Type the name of the person in the **Name** field.
2. If you know the location where the person works, type it in the **Location** field.
3. Optional: Select the **Add to my address book** check box to add the address to your personal book.
4. Click one of these push buttons:
   - **OK**　　　InfoFinder displays the address that you requested.
   - **Cancel**　The window closes without finding the address.
   - **Help**　　This help window opens.

图 5-2　人为任务"Using the Address window"

如图 5-3 所示，改进后的"帮助"，"Finding an address"从标题到目的信息到操作步骤再到结果信息都围绕着真实任务：找出他人的地址。用户读了一目了然，并且不受人为任务"填写方位字段"的干扰。

有些产品设计使用户完成真实任务之前必须先完成人为任务，所以设计者写作时不得不涉及人为任务。例如，用户想要制图，但在特定程序中他必须先创建一个容器来存放图形。制图就是真实任务，而创建容器就是人为任务。遇到这种情况，设计者需要巧妙地把人为任务融入真实任务中，例如，他可以把标题写成"在容器中制图"(creating your graphics in a container)，再在正文中把创建容器作为制图的前提条件写在操作步骤之前，而不是分别写"创建容器"(setting up containers)和"制作图形"(creating graphics)。

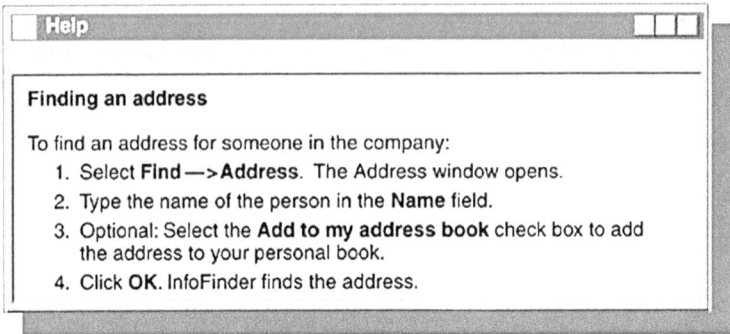

Help

Finding an address

To find an address for someone in the company:
1. Select **Find—>Address**. The Address window opens.
2. Type the name of the person in the **Name** field.
3. Optional: Select the **Add to my address book** check box to add the address to your personal book.
4. Click **OK**. InfoFinder finds the address.

图 5-3　真实任务"Finding an address"

任务话题是所有与操作直接相关的话题，多为程序性信息；而概念话题与操作间接相关，主要解释操作中的概念，多为概念性信息。在复杂的程序操作中，设计者往往需要对与操作相关的一些主要概念做出解释，以便于用户理解掌握操作的内在逻辑。但概念话题如果组织不当就会影响用户学习产品的使用，降低文档的可操作性。请看下例"Creating test cases"（如图 5-4 所示）。

Creating test cases (原稿)

Projects are collections of files that are related to a test case. When you create a test case, you must also create a project. You can, however, create a project before you create a test case. Each project can contain multiple test case files but only one main test case. You create projects in suites. Each suite can contain multiple projects. If you create one suite for each function that you test, he projects in a suite can contain the test cases that you create to test the function.

To create a suite:
1. Right-click a suite object and select **New** from the menu.
2. Specify details in the New Suite window.
To create a project:
1. Right-click a suite object and select **New Project** from the menu.
2. Specify details in the New Project window.
To create a test case:
1. Right-click a project and select **New Test Case** from the menu.
2. Specify details in the New Test Case window.
3. Click **Record** and work with the product that you want to test.
4. Click **Save** after you finish recording your actions.

图 5-4　Creating test cases

该帮助主要存在两个问题。第一，概念话题内容太多，条理欠佳。第二，任务话题不突出。一是因为概念话题以及其他相关任务占据了开篇大部分篇幅，用户需要读一大段文字才能接触到真正的任务话题；二是以上相关信息与任务的关系不够清晰。

Creating test cases （修改稿）

You can create one or more test cases for each function that you want to test
Before you begin:
1. Create a suite for the function that you are testing.
2. Create a project within the suite to hold the test cases and files.
To create a test case:
1. Right-click a project and select **New Test Case** from the menu.
2. Specify details in the New Test Case window.
3. Click **Record** and work with the product that you want to test.
4. Click **Save** after you finish recording your actions.

Related topics
Creating suites
Creating projects
Suites
Projects
Test cases

图 5-5　Creating test cases(修改稿)

如图 5-5 所示，改进后的帮助不在正文中解释概念与相关操作，但在最后通过"相关话题"把上述概念与任务分开，并且链接到独立页面，这既突出了任务话题，又方便需要了解概念话题的用户查找，还可以把相同概念话题链接到其他帮助话题。此外，在描述具体操作任务之前，明确了原稿中概念话题与相关操作与该任务话题的内在联系，所以修改后的帮助有利于用户完成任务。

总之，设计者应当突出任务话题，把概念话题与之明确分开。任务话题通常由五部分组成：

1. 执行该任务的原因；
2. 执行该任务的条件(如必须提前完成的任务或使用的软件)；
3. 任务的步骤；
4. 用于说明步骤的建议和实例；
5. 关于后续任务的说明。

　　凡是与以上五部分没有直接关系的概念话题都可以从任务话题中分离出来。熟悉这些概念的用户在阅读帮助时就可以节省时间，提高学习效率。而不熟悉这些概念的用户则可以根据需要在正文后找到相关解释，而不会破坏对整体操作程序的理解。

　　以任务为导向来设计程序性文档的理念已被一些全球化的大公司所接受，并写入它们各自的风格手册。微软公司明确要求文档设计者要做到"移情"（Be empathetic），因为"我们理解用户的需求，我们视满足其需求符合我们双方的利益。我们注重帮助用户完成任务和解决问题，而不是描述产品或服务特征。我们的内容应尽力回答'我如何使用××?'与'我在使用××之前需要知道什么?'等问题，而不是传达'让我来告诉你有关这个产品的一切内容'这样的讯息"（Microsoft，2012：4）。

　　除了语言手段，非语言手段对提高文档源的可操作性同样有效。研究表明，在程序性文档中，图文配合比只用文字或图片描述操作步骤可以使用户操作起来更快更准确更容易，而且出错更少（Glock，1981；Booher，1975；Dechsri et al.，1997；Hiruma & Kaiho，1991；Fukuoka et al.，1999；Ganier，2007；Gellevij & Meij，2004）。这些研究涉及美国、日本、法国和荷兰的用户，在一定程度上证明了图文配合效果的普遍性。这是因为：第一，图片使用户更快更完整地在头脑中形成图景；第二，图片使操作更迅速和准确；第三，与单纯的文字相比，图文配合减少了用户信息处理时的工作量。（Ganier，2007：308）而且对美国和日本两国用户的调查还发现，用户在图文配合的三种形式（每一操作步骤都配有图片，部分操作步骤配有图片，只在操作开始之前有一张总图）中，更喜欢每一个操作步骤都配有图片，认为这比只有一张总图更有助于操作。（Fukuoka et al.，1999：175）所以设计者在文档源设计时在条件许可的情况下可考虑适当增加图片数量。

　　文档的排版布局同样可以影响文档本身的可操作性。这与用户使用程序性文档的习惯有关。有不少用户在使用操作手册时喜欢边看边操作的切换方式。这种工作方式的好处是把操作说明放在产品旁边，看完一个操作步骤，立刻开始操作，可以有效减轻用户的工作记忆负担。（转引自 Ganier，2007：306-307）所以，如果文档的目标用户中多数人有此使用习惯，那么排版布局就要考虑到这一点，设计出有利于切换阅读的版面布局。有时双排并列的版面布局就不如单排布局方便用户使用，因为用户需要一手拿手册，一手操作产品，双排版式不如单排版式查看方便。例如图 5-6 就是一个高压锅的操作手册，改为单排(如图 5-7 所示)后受到了用户的肯定。(Ganier，2007)

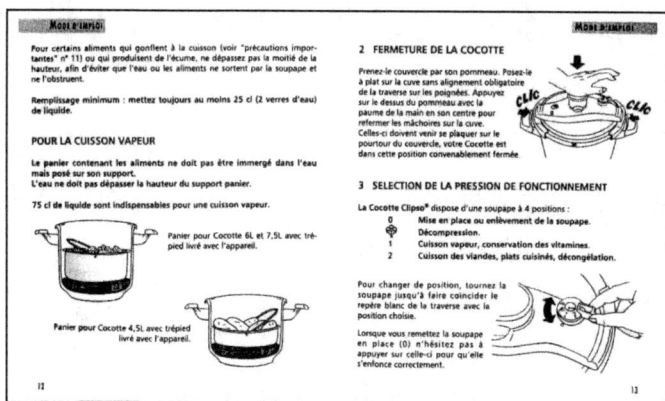

图 5-6

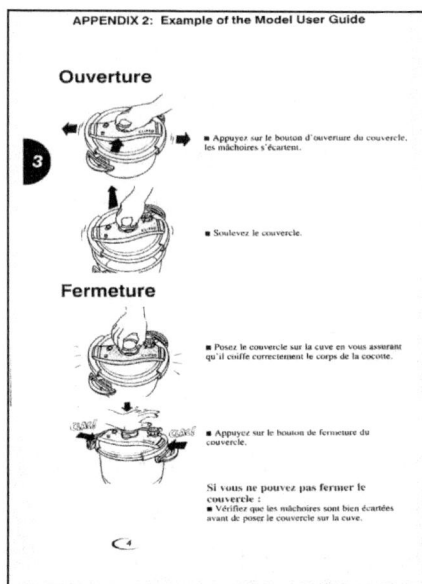

图 5-7

第六章 本地化设计中的目标文档设计

本地化设计在完成第一阶段的文档源设计后，就可以同步启动第二阶段多语种目标文档的设计。目标文档设计一般是在文档源设计基础之上，用目标地域(或本地)的语言对文档源进行深度加工，使目标文档的可用性达到本地用户的要求。根据 Redish（2000：164）提出的信息设计过程模型图，我们认为信息本地化中目标文档的设计过程主要包括设计准备、项目计划、原型设计、可用性测试、定稿设计、产品发布和反馈更新七个步骤。

设计准备主要是明确设计目标，了解目标文档所针对的产品及其最终用户。项目计划主要包括确定设计进程表、参与人员、预算、风格标准、可用性测试安排等事项。原型设计是指根据文档源制作目标语文档的初稿。可用性测试是指组织真实用户对目标语文档初稿进行可用性实验，发现其中的问题，修正后再次组织用户进行可用性实验，直到文档的可用性达到既定标准。定稿设计是在文档内容确定后做最后的校对(如校正错别字)、排版编辑与美工设计等。产品发布是把信息产品与其所针对产品一起在线上或线下正式推向市场。反馈更新是收集用户对信息产品的使用反馈，集中后对信息产品做出必要的更新，或待下一版本产品发布时再一同推出。在这七个步骤中，设计准备、原型设计和可用性测试与文档内容的确定直接相关，而项目计划等其他四个步骤对文档内容的确定起辅助作用，所以限于篇幅，本章主要讨论这三个主要步骤，最后再以 SDL MultiTerm 2011 在线帮助和软件界面的中文本地化为个案证实目标文档设计方法对提高本地化文档可用性的有效性。

第一节　目标文档的设计准备

从广义上讲，本地化设计的第一阶段——文档源设计即是为目标文档的可用性设计做准备，但由于该阶段针对的是全球通用用户，其可用性考虑，不论是信息的理解、获得还是利用都是粗放式的（coarse-grained）。在此基础之上，目标文档的可用性设计只有做到精细化（fine-grained）才能更好地满足本地用户的需求。为此，目标语设计者一方面需要精通本地的语言文化①并掌握文档源所用语言，另一方面要针对本地用户的需求做充分的准备工作：了解设计目标、最终用户和产品本身。

该过程虽然与文档源的设计准备多有相似之处，但是目标语设计时仍无法回避它，因为目标语设计者通常没有直接参与文档源的设计，仅从文档源本身很难准确获知有关设计目标、最终用户和产品的详细信息。此外，目标文档设计针对的是本地用户，而文档源设计针对的是全球通用用户，两类用户之间存在着一定的差别，所以即使在准备过程中有相似的分析方法，但得出的结论往往不同，反映出用户的地域文化差异性。因此，目标文档的设计准备对于实现信息本地化依旧至关重要。

一、了解设计目标

本地化设计的总体目标是传播产品信息，实现传播意图，满足用户信息需求，帮助他们完成特定任务。其中传播产品信息和实现传播意图是该目标的第一层次，而满足用户信息需求和帮助他们完成特定任务是第二层次。这两个层次作为总体目标不可分割的部分既统一又对立。统一表现在当传播意图与满足用户需求一致时，则以满足用户需求，实现其任务的方式传播产品信息，实现传播意图。例如，微软希望用户购买

---

① 目标语设计者的母语通常为该目标语。

其 Windows 8 操作系统而向用户提供有关该产品的使用信息，而用户希望在购买该软件后掌握其操作方法。对立则表现在当传播意图与用户需求不一致时，由于传播的主动权掌握在传者一方，所以传播意图的实现是第一位的，满足用户需求是第二位。换句话说，用户需求在这种情形下就有可能得不到预期的满足。例如，用户在购买计算机操作系统之前会比较不同软件的优劣，所以他们可能希望知道微软的 Windows 8 跟 Android 5.0 相比是否存在设计差距，而这种信息需求在微软公司提供的产品信息中恐怕很难得到满足。

　　具体而言，总体设计目标的以上两个层次可概括为实现说服功能和可用性。说服功能(persuasiveness)指信息产品"影响读者态度和行为的能力"(Anderson，2011：12)。在本地化中，产品制造商为用户提供有关产品性能和使用的本地信息，通常都是希望说服用户对自己的产品产生好感，进而决定购买自己的产品。可用性指"特定用户为了实现特定目标在特定的使用情境中有效地、高效地和愉悦地获得、理解和利用信息的程度"(参见第四章第一节中"文档的可用性")。在本地化中，信息产品经过层层本地化设计后如果能够满足用户多元化的信息需求，实现其预定的无论是主观还是客观任务，那么就可以说在一定程度上实现了信息产品的可用性，赢得了用户的认可。所以说，实现可用性是实现说服功能的最佳方式。

　　目标文档的设计目标与本地化的总体设计目标是一致的，也是文档源设计目标的延续。目标语设计者无论是产品制造商内部的专职雇员(in-house localizer)还是承接本地化外包业务的语言服务公司的雇员(professional localizer)，在本地化源发传播中始终代表产品制造商扮演传者这一角色，所以在设计之前，设计者就要从产品制造方(通常是从本地化项目经理)那里获知此次本地化项目的总体设计目标及其具体的说服与可用性含义。如果该项目还有针对本地的特殊设计要求，设计者也需要知晓。因为这些设计目标都是设计者在设计过程中进行决策的重要依据。

二、了解最终用户

目标文档的设计虽然是跨文化的信息设计，但同语言文化内的信息设计一样，其实质仍是聚焦于最终用户或以用户为中心（user-centered）。我们在本书的第三章详细讨论了本地化设计了解用户的重点与方法。在文档源设计时虽然对用户进行了分析，但针对的对象是全球通用用户，而目标文档针对的是本地用户，所以文档源设计阶段的用户分析并不能完全替代目标文档设计阶段的用户分析。而且，在文档源设计阶段无法根本解决的一些可用性问题（如信息细节的多少）还有待在目标文档设计时解决。可以说，目标文档设计之初的用户分析对本地化产品最终的可用性具有直接影响。

所以目标语设计者在明确了设计目标后还要通过直接或间接的方法了解用户，收集用户信息，以便深入了解用户的社会文化时空、使用情境和信息特质，并以此为依据，来决定生成什么和如何生成目标文档原型。

目标语设计者通常由职业译者转变而来，他们在用户分析方面既有优势也有劣势。其优势是他们的母语通常为目标语，所以他们对用户所在目标地域（即本地）的社会文化通常比较熟悉。其劣势是他们对技术传播中受众分析（或信息设计中用户分析）的方法比较陌生，对用户的信息需求往往不够敏感。但是，译者一旦掌握了技术写作与信息设计的相关知识和技能并加之实践，就能够转变为合格的本地化设计者。

三、了解产品

目标语设计者要满足用户对产品的信息需求，不能仅依靠文档源及其翻译，否则他会失去对信息准确性的判断，而准确性是用户利用信息完成任务的基础。此外，若过分依赖文档源及其翻译，设计者即使通过可用性测试发现目标文档原型的问题后往往也不知道如何有效修改这些问题。所以目标语设计者应当亲自了解产品。

设计者了解产品的策略有许多。Hovde(2001：63)总结了前人列举的 11 种策略：

1. 去图书馆查找相关技术文件、图表和旧版本手册；

2. 查找电子资料；

3. 采访产品设计师和特定领域专家(subject matter expert)；

4. 依据自己有关产品的知识；

5. 写信咨询；

6. 模拟用户，操作产品或设备；

7. 亲自观察用户使用产品的过程；

8. 发出问卷或调查测验；

9. 拆装设备的零部件；

10. 实地走访；

11. 进行可用性测试。

这 11 种策略中第 7、8、10 和 11 个策略实际上更多的是用于了解用户而并不能直接了解产品，所以应当排除。Hovde 根据自己对软件公司内部的技术写作者的研究发现他们获得软件产品知识有五种途径，分别是使用软件、与同事交谈、阅读软件规格单、内部审阅和研究以往操作手册。这五种方法基本上已包括在上面所列的另外七种策略之中，但它们所提供的产品信息的类型却不尽相同。其中与同事交谈和内部审阅能够提供最多的产品信息，包括四类：软件对于用户的设计用途、软件使用时的工作方式、软件设计的总体概念或逻辑以及准确的产品知识。这里的"与同事交谈"主要指与公司内软件开发人员和技术保障人员交流(Hovde，2001：76-78)，而"内部审阅"指把技术写作的初稿交由公司内部这些懂技术的专家审阅(Hovde，2001：80-82)。使用软件和研究以往操作手册只能提供以上四类中的两类产品信息，而阅读软件规格单只能提供其中一类信息，但是该方法却是最有可能提供有关软件完整信息的方法。(Hovde，2001：86)事实上，技术写作者往往采用不止一种策略对产品进行多方面的了解。

对于本地化设计者，特别是目标文档设计者，以上了解产品的方法同样适用。但是目前在本地化行业内，本地化业务通常外包给本地化公司，而与软件公司内部的技术写作者相比，这些公司内的本地化设计者了解产品的渠道往往更少，有时甚至连产品本身都看不到。这是因为一方面有些产品制造商把本地化等同于翻译，认为翻译外语文档没有必要了解产品本身；另一方面有的软件制造商出于节约本地化成本的考虑，只把需要翻译的字符串交由本地化公司翻译，而自己来完成本地化工程和测试等工作。但在游戏本地化领域，特别是一些日本的游戏公司(如 Nintendo 或 Square-Enix)已意识到本地化过程中不了解产品的后果，他们放弃外包模式，采取在公司内进行本地化，这样就使得"本地化设计者始终可以接触到游戏软件，翻译中遇有疑问或需要语境信息时可以查看游戏软件"，从而"确保了高质量的本地化游戏"(Mangiron，2006：311)。

事实上，如同对用户的了解一样，目标语设计者对产品的了解并不局限于设计准备阶段，在接下来的原型设计和可用性测试等阶段，他同样需要继续了解产品，特别是在遇到单凭文档源无法解决的问题时。因为正像没有人能够一次就对用户有充分的了解，也没有人能够一次性地掌握产品的全部特性与功能，对产品和用户的了解需要贯穿于本地化设计始终。

第二节　目标文档的原型设计

目标文档的原型(target prototype)设计是根据本地化的设计目标与最终用户的需求用目标语制作文档草稿，以便进行可用性测试。原型设计的方法主要有有源设计与无源设计。前者指把文档源翻译或改写为目标语文档；后者是在没有文档源的情况下，根据目标文档的设计要求直接用目标语创作文档草稿。

目标文档的原型通常不止一个，因为它往往要经过几次可用性测试才能达到可用性目标，每次测试后设计者会根据测试中实际用户的反馈修改文档原型而形成新的待测原型，然后再进行新一轮可用性测试检测修改后的效果，直到得到用户满意可用的文档。这种循环设计（iterative design）（Rubin & Chisnell，2008；Barnum，2011）是目标文档设计最重要的特征之一。

作为循环设计的基础，原型设计直接关系到最终文档的可用性。文档原型的可用性基础好，改动不多，需要进行的可用性测试次数就少，设计成本就低；反之，文档原型的可用性差，需要改写的内容多，进行的可用性测试次数就多，设计成本就高。本节将分别探讨有源设计与无源设计的特点与方法。

一、有源设计

有源设计是本地化目标文档设计的主要方法。有源设计又分为全文翻译与改译结合两种常见方式。

表面上看，有源设计与全译差别不大，设计者只要把原语的文档源翻译为目标语文档，做到忠实通顺即可。至于文档原型的可用性，则有待可用性测试来验证。但实际情况并非如此简单。

因为不论是本地化还是翻译，都需要付出成本。这里的成本不仅包括本地化客户方，也包括本地化供应商与本地化设计者的时间、金钱、管理等各种成本。

如果全译后文档通过了可用性测试，效果良好，不需要对其进行大幅度删减或改写（包括不需要做太多改动或者只需要增加内容），那么这种设计方法可行。但是如果全译后文档经可用性测试发现其可用性不佳，需要做出大幅度删减或改写，那么这种设计方法的时间和金钱的成本效益就很低，因为翻译被删减部分所花费的时间和金钱成本并没有产生任何效益。所以本地化设计不同于翻译，须时刻为用户考虑，确保文档的可用性贯穿于设计过程始终。

目标语设计者在翻译文档源之前就需要从用户需求出发以可用性为标准决定是采取全译还是改译结合，而不是被动地全文翻译之后经可用性测试才决定内容的取舍。如果采取改译结合，那么设计者还要预判需要翻译的内容和需要重新设计的内容，而对于那些与用户需求相关性不高的内容，通常可以考虑不译，以节省时间和金钱成本。所以，设计者采用改译结合法处理文档源时，遇到需要翻译的就翻译，遇到需要改写的就直接用目标语改写或创作，遇到不需要翻译的就直接删掉，因此既节约了成本还提高了效率。但这是否会造成预判失误，过度改写呢？

该问题应当被一分为二地看待。一方面，这其中不免会有设计者主观判断不准的时候，但是有源设计制作的是文档原型而不是最终文档。该文档原型要经过多次可用性测试，如果设计者误删了重要信息，必定会造成文档可用性下降，在多次的测试与修改过程中还是能够补救的。当然，即使可以补救，这同样会带来成本的浪费。所以设计者在没有把握的情况下是不应当贸然删改文档源的。另一方面，目标语设计者与译者不同，他们不仅具备双语文字转换的能力，还是不折不扣的技术传播者(technical communicator)，具备用户分析与可用性测试能力，并且了解产品及其所涉及领域的专业知识。凭借着丰富的信息设计经验，对于一些明显的可用性缺陷他们还是可以做出预判的。Schriver(1992)就通过对比实验证明，与仅使用传统的受众分析探索法(audience-analysis heuristics)的技术写作者相比，接受读者有声思维分析的技术写作者能够更准确地预测读者的理解问题，并更能够从读者的角度分析问题特点。况且，设计者的任何预判都要经过反复的可用性测试才能在最终的目标文档中得以体现。

二、无源设计

无源设计可以说是翻译与写作高度融合的一种信息设计方式。目标语设计者根据本地化的设计要求，包括设计目的、设计内容与风格以及最终用户的需求直接用目标语创作目标文档原型。这里的设计要求往往用外语(通常是美式英语)写成，特别是有关产品的各种信息源也都是外语，但是它们尚未构成组织有序的文档，最多只是一些外语的文档素材。无源设计中之所以没有文档源，不是因为没有时间设计，也不是为了节省成本，而是没有必要设计文档源。因为在无源设计中的本地化设计者都是兼通双语的专业的目标语技术写作者，他们不需要文档源就可以设计目标文档原型，而且掌握了可用性测试方法，可以熟练进行循环设计，直至生成可用性高的目标语文档。无源设计无疑对设计者提出了更高的要求，但确实是"一种正在迅速形成的趋势"（Lentz & Hulst，2000：320）。

无源设计虽然比有源设计设计环节少，本地化效率高，但我们认为无源设计只在特定产品的本地化中可行。因为无源设计没有文档源，只有本地化设计要求与产品，所以不同地域的设计者用母语设计出的文档的差异性可能很大，但它们的共同点是：各自在本地用户中都具有可用性。所以，对于那些需要保持品牌一致性和用户体验一致性的全球化产品（如电子消费品），有源设计可能更为合适。而对于那些不强调一致性，允许甚至鼓励多样性的全球化产品（如商业广告），无源设计可能更为合适。

第三节　目标文档的可用性测试

目标文档的可用性测试是信息本地化设计与翻译的又一个显著区别。

作为跨文化传播的两种模式，不论是信息本地化还是翻译都关注所传播信息的质量。所以评估目标语文档的质量是二者共同关注的重点。但二者由于传播本质不同，所以对文档质量的评估方式也不同。

在翻译研究中，对译文质量的评估通常属于"翻译批评"的范畴。我们认为，翻译批评总体上从评估性质上看属于"核实评估"（validation evaluation），从评估方法上看属于"专家评估法"（expert-focused methods）。核实评估指在信息产品制作完成后按照特定的标准来评估其质量，判断它是否达到该标准。而专家评估法指由具有丰富专业知识与经验的外语专家来评价文档质量。翻译批评通常是在译文出版发行后，由翻译家、外语教师、作家、职业译者等专家根据特定的翻译标准(如忠实通顺等)来评判译文的优劣,在报刊上发表评论文章,希望以此促进翻译质量的提高。所以翻译批评是采用专家评估法的核实评估。

而信息本地化中目标文档的可用性测试同样是一种文档质量评估方式,但该法是把对文档质量的评估及时融入文档制作过程,使文档修改主要建立在用户使用文档的实际效果或反馈的基础之上,形成评估与修改的良性互动,从而不断提高文档的可用性。在进行测试的过程中,本地化设计者通常扮演测试控制者的角色,负责组织实施整个测试。本节将探讨目标文档设计时可用性测试的必要性、方法与程序。

一、可用性测试的必要性

在技术传播中,文档质量评估的方法主要有三大类:文本评估(text-focused methods)、专家评估(expert-judgment-focused methods)和读者评估(reader-focused methods)。(Schriver, 1989)每类之中又有许多具体方法。这三类评估分类依据的是在评估中使用文档目标受众反馈的程度。文本评估一般从不使用读者的直接反馈,专家评估主要以专家经验替代读者反馈,而读者评估明确使用受众反馈。这三者从左至右构成了一个由文本评估到专家评估再到读者评估的评估连续体(the continuum of text-evaluation methods)。(Schriver, 1989)

可用性测试是邀请目标受众的代表作为测试参与者,观察他们实际使用产品和完成真实任务的过程,以此来评估产品达到特定可用性标准的程度。(Rubin & Chisnell, 2008: 21; Barnum, 2011: 13)所以它属于读者评估法,而可用性测试的必要性正是由这三类评估的性质特点所决定。

文本评估主要根据由特定读者对文本可能会有的反应所确定的原则或标准来评估文本质量,包括可读性公式、基于计算机的文体分析、准则和公理以及核对表。文本评估法的好处是使用成本低,有些可以由计算机完成,可以发现某些明显的错误。但该法不能提供有关读者实际需求的信息，评估的结果多局限于词和句子，很少涉及段落和篇章，且分析结果可靠性不强。(Schriver，1989：244)例如，使用可读性公式分析某一段落是否容易理解，该段落不论是正常语序还是从后到前颠倒其语序都会得到相同的可读性分数，而根据常识，这两个段落的可理解程度必定有很大差别(Schriver，1989：241)。如果改进文档时仅依靠文本评估的结论，反而会适得其反(转引自 Schriver，1989：244)。

专家评估是"使用掌握题材、受众或体裁专业知识的专家反馈"对文档质量进行评估(Schriver，1989：244-245；Lentz & De Jong，1997：224)，包括同行审阅、技术专家和/或主题专家审阅、编辑审阅和外部专家审阅。该类方法可以为文档设计者提供许多有用的信息，但是由于这些专家多是公司内部十分熟悉文档及其所描述的产品的专业人士，他们评估的文档对那些熟悉文档与产品的工程师、计算机科学家和市场营销专家行之有效，对普通读者却并不好用。公司外部专家进行审阅却可以弥补内部专家审阅的不足。但是无论何种专家评估都不应单独使用，应当与其他评估方法，特别是读者评估法配合使用。(Schriver，1989：247)

读者评估依据目标受众的反馈来评价文档，主要分为两大类：并行测试(concurrent tests)和回顾测试(retrospective tests)。前者指在读者为了特定目的阅读和使用文本的过程中实时评估文本帮助读者解决问题的效果，包括完型测试、(无声)行为协议、表现测试和有声思维语言协议等方法；后者指在读者阅读和使用文本结束后引发读者反馈，包括理解测试、调查与采访、焦点组采访、关键事件回顾和读者反馈卡等方法。(Schriver，1989：247)总体上，并行测试提供的反馈信息可信度最高，而回顾测试可以为文本修改提供十分有用的参考。所以，这两类方法配合使用可信度更高(Schriver，1989：252)。

许多写作者和写作研究者认为最好的文本评估法是使用读者反馈的方法。(Lentz & De Jong，1997：224)所以读者评估法通常比其他两类方法得到更多的肯定，因为这些方法直接揭示了读者对文本质量不同方面的反应。(Lentz & De Jong，1997：224)Lentz 和 De Jong 通过实验证实读者评估不能由专家评估所代替，因为专家预判读者评估中发现问题的准确性较低。而专家之所以很难准确预判读者遇到的实际问题可能与专家和读者在语言技能、知识、文化和兴趣上的差异有关。(Lentz & De Jong，1997：232)所以，我们认为目标文档设计中应以可用性测试为主，以专家评估为辅，共同提高文档可用性的设计水平。

二、可用性测试的方法及其选择

可用性测试的方法众多，选择恰当的方法对目标文档设计至关重要。这除了要考虑目标文档特点和可用性测试目的外，还要清楚不同方法所能实现的最佳测试目标。换言之，使用恰当的测试方法才能实现可用性测试目的。

测试目标包括两个要素：评价话题与评价功能。(De Jong & Schellens，1997)评价话题是指需要评价的文本特征(如用户能否正确理解文本)，而评价功能是指评价结果在文本质量控制方面发挥的作用。(De Jong & Schellens，1997：403)评价话题涉及所有影响文档可用性的特征，如信息的可操作性、信息的准确性和信息的相关性等，而评价功能主要有确认(verification)、改进(troubleshooting)和对比(choice supporting)三种。确认功能用于确定文档质量，特别是确认文档是否有问题，但并不查找和诊断缺陷；改进功能用于找出可用性缺陷并改正，而对比功能用于对不同表达方式做出选择。(De Jong & Schellens，1997：405)每一种可用性测试方法所适合的评价话题和评价功能都不尽相同。例如，完型测试和理解测试都可以明确评价文档是否易于理解这一相同评价话题，但前者仅有确认的评价功能，而后者既有确认又有改进的评价功能。(De Jong & Schellens，1997：414)

De Jong 与 Schellens(1997)列举了 14 种可用性测试方法，并对它们所适合的评价话题与评价功能一一进行了分析(见表6-1)。他们认为这些方法主要能测试文档中信息的查找(selection)、理解

（comprehension）、应用（application）、接受（acceptance）、欣赏（appreciation）、相关性（relevance）和完整性（completeness）这七个评价话题。但事实上这14种方法中有些还可以用于评价其他的文档可用性特征。例如，第八个方法"文本评价问卷"和第九个方法"焦点组采访"能够适用的评价话题在这14种方法中最多，涵盖了全部七个话题，但我们认为这两个方法至少还可以用于评价文档的时效性。不过从总体上看，De Jong 与 Schellens 的研究为设计者选择可用性测试方法提供了很好的依据。

TABLE 1
Overview of Methods in Relation to Functions[a] and Topics[b]

	Evaluation Function	Selection	Comprehension	Application	Acceptance	Appreciation	Relevance/ Completeness
1. Portfolio method	V/T	xx					
2. Target-plan method	V/T	xx	x				
3. Reading behavior registration	V/T	xx					
4. Cloze test	V		xx				
5. Comprehension test	V/T		xx				
6. Performance test	V	xx	x	xx			
7. User protocols	V/T	xx	x	xx			
8. Text evaluation questionnaire	V/T	xx	x	x	xx	xx	xx
9. Focus groups	T	x	x	x	xx	xx	xx
10. Attitude questionnaire	V				xx		
11. Motivated-choice technique	C					xx	
12. Plus-minus method	T		x	x	x	x	x
13. Signaled stopping technique	T		x	x	x	x	x
14. Reader protocols	T		x	x	x	x	x

a. V = verification; T = troubleshooting; C = choice supporting.
b. xx = the method is explicitly focused on this topic; x = the method may provide information on this topic.

表 6-1　可用性测试的方法

三、可用性测试的程序

可用性测试程序的严密合理可以确保可用性测试的效果，为文档修改提供可靠的依据。

Simpson 提出可用性测试可分为以下四个步骤（转引自 Byrne，2006：200）：

1. 确定测试问题；

2. 决定所需数据，以回答测试问题；

3. 选择可以获取这些数据的方法；

4. 计划安排如何实施这些方法。

Rubin 和 Chisnell 提出了更加具体的七个可用性测试步骤（2008：25）：

1. 确定研究问题或测试目标而不是假设；

2. 使用最终用户中有代表性的样本，而不论这些用户是否是随机挑选；

3. 复制实际的工作环境；

4. 观察最终用户使用或查阅产品原型；

5. 测试组织者对测试参与者进行受控采访或深入广泛的采访，了解其反馈；

6. 收集定量和定性的用户表现和偏好数据；

7. 建议如何改进产品设计。

事实上，可用性测试的步骤还可以分得更细，不同的测试方法和测试组织者都会有不尽一致的测试程序。但是总体上，我们认为可用性测试可分为测试计划、测试准备、测试实施、测试结果分析四个阶段。

（一）测试计划

测试计划是明确可用性测试目的并为了实现此目的而对可用性测试的全过程制定进程安排。由于可用性测试是本地化中目标文档设计的重要环节，所以测试目的需要符合本地化的整体设计目标以及测试在本地化中所处的环节。具体而言，可用性测试主要有两种不同的目的：一是形成性测试（formative testing），为了发现和修正文档的可用性缺陷在文档设计的过程中进行，以提高最终文档的可用性质量，通常依据小规模测试多次实验而完成；二是总结性测试（summative testing），为了确定产品已达到预定的可用性要求或者收集数据改进可用性要求为以后的可用性测试提供新标准，在文档设计结束后进行，通常依据大规模测试获得统计数据以证实测试结论。(Barnum,2011:14)所以设计者在开始可用性测试之前首先要明确是进行形成性还是总结性测试。

　　测试进程设计是测试计划的另一重要任务。测试组织者需仔细考虑测试准备、测试实施、测试结果分析等每一阶段所需要的时间、人员、技术条件等。组织者考虑得越周到,可用性测试就越顺利。例如,就测试实施而言,他不仅需要考虑是否要进行以及如何进行主要实验之前的试点研究(pilot study)和主要实验之后的测试后调查,还需要设计主要实验中参与者所要完成的具体任务。任务选择得当才能有效发现信息产品潜在的可用性问题。

　　Byrne 认为主要有两种方法:一是根据产品设计者的建议决定测试任务,因为他们对产品很熟悉,往往知道潜在问题所在;二是从普通用户实际使用产品(如软件)时通常要完成的任务中选择测试任务。(2005:157-158)他主张使用第二种方法,因为这更容易发现广大普通用户所遇到的可用性问题,而第一种方法中设计者由于过于熟悉产品往往更关注复杂和高级的问题,忽视对普通用户而言简单和初级的问题。(2005:157-158)

(二)测试准备

　　测试准备主要包括文档的准备、测试参与者的征集、测试环境与设备的准备。

　　在目标文档设计中,可用性测试的对象是目标语文档(文档原型或最终文档)。根据测试目的和方法,测试组织者除了准备目标语文档,通常还要准备该目标语文档的其他版本,用于在控制组和实验组之间进行对比测试。文档准备的具体细节则需要根据文档特点和测试目的而定。

　　征集测试参与者是可用性测试的一项至关重要的准备工作。参与者能否代表最终用户以及参与者人数多少关系到可用性测试得出数据的可信性。由于在目标文档设计准备阶段,设计者对产品的最终用户已经有了比较全面的了解(参见本章第一节中"了解最终用户"),所以选择可用性参与者时应以此为依据。至于测试参与者的人数,设计者除了要考虑时间、资金、能否找到合适的参与者等客观条件外,还要根据测试目的而定。如果是进行形成性测试,每次测试人数在3到5人即可发现一次特定可用性测试中80%～85%的问题(Nielsen,2000;Virzi,1990;1992;Lewis,1994),如果继续增加参与人数,虽然可以发现更多的问题,但大部分问题是以前重复出现过的。但是这并不意味着可以发现产品全部可用性问题的80%～85%(Barnum,2011:17)。若要考察产品可用性的多个指标,那么就要进行多次这样的小规模测试。如果是进行总结性测试,往往需要组织30至50人参与大规模测试(Barnum,2011:15),条件允许还可以选择更多的参与者,以获得更有说服力的统计数据。

测试环境与设备的准备主要取决于是在可用性实验室还是在模拟真实环境中进行可用性测试。如果在实验室进行测试就可以充分利用已有设备(如录音录像设备),只要根据特定的测试要求对设备做出调整即可。如果是模拟用户真实的产品使用环境(如办公室),则需要人为设置类似环境,并临时配备各种测试记录设备。

测试环境的选择主要是根据客观条件与测试设计。例如,有些测试需要使用视线追踪设备捕捉参与者视线的移动方式或停留于屏幕特定区域的时长,通常只能在实验室进行。再比如,在有些测试中测试组织者需要在测试房间外观察测试参与者完成特定任务,不能与其有任何交流,否则会影响测试结果。在这种情形下,测试最好在有单向玻璃的实验室中进行。

(三)测试实施

测试实施时首先要先让参与者清楚测试的步骤、方法与要求。对于参与者从未使用过的测试方法(如加减标注法等),控制者应当让他们进行短暂的热身训练,指出他们的问题,待他们完全适应该方法后才开始正式测试。

　　测试的过程中，无论控制者是否在测试现场，都应当尽量减少对参与者的干扰，更不能为了测试成功而提示或帮助参与者操作。但他同时又要随时观察用户的操作，确保用户按照测试要求操作，一旦发现违反要求的操作就要及时纠正，否则到测试结束时才发现往往就无法补救，导致测试失败而无法得到任何有用的数据。此外，控制者还可以根据测试内容的不同，在测试的同时记录参与者的某些测试表现，如操作过程中查看手册的次数，操作过程中明显的情绪变化等，为后续的数据分析提供依据。当然，控制者的主要任务还是确保测试的顺利进行，记录数据的工作也可以留待测试结束后进行。

　　测试结束后，控制者要及时保存测试数据，确定数据完好后再请参与者离开。如果测试还有测试后的问卷调查等内容，控制者还应做好相关工作，做到善始善终。

(四)测试结果分析

　　依据可用性测试的不同类型(参见本节中"测试计划")，测试数据的分析方法不尽相同。对于形成性测试的结果，通常采用定量与定性相结合的方法分析数据，目的是在小规模测试中发现和修正文档的可用性缺陷，因为定量的分析往往能够发现用户遇到了可用性问题及其严重程度，但有时并不能确定问题的具体位置与原因，而定性的分析往往能够定位可用性问题并找到其原因，甚至提供改进的可能方案，这些都为设计者随后改进文档提供了重要的参考。对于总结性测试的结果，则通常采用定量的方法分析数据，因为在大规模测试中对数据进行统计学分析才能得出比较可靠的结论，确定产品是否已达到预定的可用性要求，或者收集数据改进可用性要求为以后的可用性测试提供新标准。

第四节　目标文档设计的个案研究

　　软件的帮助手册是协助用户掌握软件操作的重要工具，而向导程序界面则直接指导用户进行软件操作，二者都是软件的重要组成部分。它们的可用性直接影响软件的整体可用性，所以也是软件本地化的重要内容。以往的研究多是单独讨论帮助手册或软件界面的可用性，而很少把两者结合起来。(Hargis et al. , 2004)但从用户的实际使用情况看，用户要学会软件的操作通常需要借助这两者的共同帮助。所以，本节将以 SDL MultiTerm Convert 2011 软件的在线帮助与 Convert 向导程序界面为个案研究对象，模拟其中文界面与帮助文档的本地化设计过程，探讨循环设计在提高文档可用性方面的可行性与有效性。

一、设计准备

SDL MultiTerm Convert 2011 是目前世界上主流计算机辅助翻译软件 SDL Trados Studio 2011 的术语转换模块。它的作用是把原始的术语数据转换为 SDL 术语管理软件 MultiTerm 可识别的格式。这样才能把术语通过 MultiTerm 导入术语库中。所以该模块在术语库的创建中至关重要。此外，术语库创建好才能使 Trados Studio 软件的计算机辅助翻译功能最大化。而该模块的操作复杂程度在 Trados Studio 的各项功能中居前。所以，MultiTerm Convert 的可用性不仅在一定程度上反映了整个软件的可用性，还对软件的综合可用性具有重要影响。

从该模块的功能中不难判断，其帮助与向导的中文设计目标应当是向中国用户提供必要的软件操作信息，使他们轻松快速地学会转换术语格式，为术语库的创建做准备。

了解了文档的设计目标后，目标文档设计者还需要了解产品所针对的中国用户。SDL 这家公司"作为全球信息管理(GIM)的领导者，致力于为企业提供全球信息管理解决方案，使企业能够跨语言、跨文化、跨地域地与客户直接沟通，从品牌意识的提高，到直接销售，再到售后支持与服务，全面提升客户体验过程"，所以它的计算机辅助翻译产品在中国针对的主要是跨国公司、政府部门和语言服务公司中从事翻译与项目管理的职业译员，而非自由译者。而中国的职业译员多数是外语专业出身的大学本科或硕士毕业生。这些文科出身的译员多数又是女性。她们的计算机知识和操作水平一般不高，在工作之前通常对计算机辅助翻译软件并不熟悉。所以在设计中文软件向导及其帮助时要充分照顾到这些普通用户的可用性需求。

此外，设计者在开始目标文档设计前学习使用该软件的过程中发现，其界面和文档无论是英文还是中文都不容易学习使用，在参考查阅了相关资料后才能掌握基本操作方法。所以现有文档的可用性对最终用户来说不容乐观。

二、原型设计

设计准备完毕，设计者就开始中文文档的原型设计。由于此次研究是模拟产品的本地化设计过程，所以暂且把正式发布的中文软件与在线帮助作为在设计过程中得到的中文文档原型。换句话说，此次设计是采用有源设计中全文翻译的方式制作了中文文档原型。该中文文档是 SDL Trados 公司的官方翻译，基本上做到了忠实通顺。(参见附录二)因此，以此为研究对象可以更好地说明本地化设计在提高文档可用性方面的作用。

三、可用性测试

(一)测试计划

设计者得到目标文档原型后就要对其进行可用性测试。

首先，他要确定测试目的。因为 Convert 软件帮助与向导的中文设计目标是向中国用户提供必要的软件操作信息，使他们轻松快速地学会并进行术语格式的转换。模拟的过程正是设计尚未结束阶段。所以测试目的是形成性测试，设计方法是循环设计。而评价话题主要是文档的可操作性与可理解程度。因为这两个可用性评价指标与用户的可用性需求关系最密切，直接影响用户能否顺利完成术语格式的转换。此外，在形成性测试中，发现可用性问题进而改进文档是设计的重点，因此定量和定性的可用性数据都是测试所需要获取的。

其次，设计者要依据本次形成性可用性测试目的确定最合适的测试方法。在 De Jong 与 Schellens(1997)提供的 14 种可用性测试法中(参见表 6-1)能够对文档的操作性进行评估的方法一共有七种，最合适的方法只有表现测试(performance test)和用户语言协议(user protocols)。而这两种方法从评价功能上看，前者只能确认可用性，而后者既可以确认可用性，还可以改进可用性。因为在表现测试中，测试参与者依据文档完成一系列的任务，测试控制者记录下他们完成任务的结果与所需时间。该方法可以测试文档的可用性，但却无法诊断可用性问题。(De Jong & Schellens，1997：420)而在用户语言协议测试中，测试参与者在参照文档完成任务的过程中需出声读出文档，并及时说出自己读文档时的想法，这实际是让参与者在进行有声思维。(De Jong & Schellens，1997：421)该方法的好处是参与者经常会说出他们如何以及为什么在阅读文本中遇到困难，写作者由此就可以获知可用性缺陷的位置以及症结所在，因而可以比较便捷地修改文档。(Schriver，1989：249)此外，用户语言协议还可以发现文档的理解问题与信息查找问题(De Jong & Schellens，1997：421；Schellens & De Jong，1997：486)，这符合本次测试预定的评价话题。

再次，设计者需要确定测试的进程。此次可用性测试计划历时一个月①，主要分为试点研究、三次主要测试和两次修改，每次主要测试结束后还有测试后采访。测试任务则选择普通用户实际使用 MultiTerm Convert 时通常要完成的两个任务：第一，使用 Excel 2003 创建术语表；第二，使用 MultiTerm Convert 2011 转换该表的格式。(参见附录一)

以上三项可用性测试计划结束后，就进入测试准备。

---

①　实际测试因故分为两个阶段进行：第一阶段进行试点试验和第一、二轮测试与修改，历时 18 天；第二阶段进行第三轮测试与修改，历时 5 天，中间间隔 6 个半月。

（二）测试准备

测试文档在试点研究和第一次测试时使用的都是 MultiTerm Convert 的在线中文帮助和软件本身的中文向导界面，在第二次和第三次测试时由于技术原因只能使用经过修改的打印好的中文帮助以及向导界面截屏。

测试参与者主要从大学二年级下学期的科技英语专业和商务英语专业的学生中按照自愿原则征集。选择学生作为测试参与者而不是直接从该款软件的最终用户中挑选代表，除了征集难度与成本的考虑外，主要因为这些学生为英语专业，毕业后有一部分人可能会进入语言服务公司，成为职业译员。他们在大学一年级专门学习了计算机基础课程，掌握了计算机的基本操作技能，并学习了 Excel 等办公软件的使用。而且这些学生以女生居多。可以说他们是 Trados 软件未来的潜在使用者。

根据对形成性测试样本人数的研究，每次测试人数在 3~5 人即可发现一次特定可用性测试中 80%~85% 的问题，本次测试试点研究和三轮测试分别选择了 3 名、8 名、10 名和 9 名参与者，超出了规定人数，可以确保测试信度。

此次测试模拟真实的译员办公环境，在一间办公室的办公桌上摆放了一台联想笔记本电脑(Intel 的 1.53 GHz 双核 CPU，1.98G 内存，240Gb 硬盘，DVD 光驱)，并在电脑上安装了 SDL MultiTerm Convert 2011 与 Microsoft Excel 2003。为了记录测试参与者的操作过程与有声思维，设计者还准备了录音笔并在电脑中安装了 HyperCam 2 屏幕记录软件。该软件不仅可以记录屏幕中的所有操作，同时还可以记录下操作时发出的任何声音。由于办公室没有网络环境，所以还配备了无线网络发射器。

（三）测试实施

以上测试准备工作就绪后就进入测试实施阶段。首先是熟悉产品功能阶段。每位测试参与者在开始测试前两天拿到一份中文的产品简介，并被要求花 15 分钟通读一遍。这份简介介绍了 Trados 的各种主要功能和优势，但对 MultiTerm 以及 MultiTerm Convert 的介绍比较简略。所以测试控制者在开始测试之前又给测试参与者简单介绍了 MultiTerm Convert 的作用。这些做法主要是为了让测试参与者熟悉软件特点，为其理解在线帮助提供必要的背景信息，但并不涉及具体的操作方法。由于测试参与者人数较多，而且来自不同班级，测试控制者事先指定其中三位参与者为测试协调员，分别负责确保每轮测试的每位参与者都明确自己的测试时间和地点，并能及时赴约测试。如参与者临时不能如约测试，协调员还要同测试控制者及时沟通，重新安排测试时间。

　　每次只能有一名测试参与者在测试控制者的协助下进行测试，如果多人进行有声思维，相互之间就会产生干扰。参与者到达测试地点后，控制者为其提供水和点心，以减缓其潜在的紧张情绪，并把"测试说明"交给他阅读三分钟。该说明包括测试目的、测试方法、测试步骤与要求和测试任务。(参见附录一)参与者看完说明后如有疑问，可以向控制者请教。

　　控制者还需要特意向参与者解释测试的目的是"测试该帮助手册与向导界面的实际使用效果"，而绝不是测试参与者本人的理解或软件操作能力，以打消他们在有声思维和操作过程中不必要的顾虑，并同时告知他们也不要刻意为了帮助控制者(他们的老师)而歪曲自己的真实想法，如果中途遇到困难想放弃实验，说出自己的想法后随时可以退出。另外，控制者通常还会把测试要求再次向参与者强调一遍，以确保测试按照预定方式进行。

　　由于此次测试全程使用有声思维，而人通常是无声思维，因此参与者能否有效地进行有声思维对测试结果影响显著。开始之前，控制者给参与者提供一页与此次测试无直接关联的 MultiTerm 的中文帮助打印稿，让其先训练一下有声思维[1]，即每读一句中文帮助，就立刻

---

[1]　在全体 30 名测试参与者当中，只有 6 人此前有过有声思维的测试经历。

说出自己读这句话的想法，无须组织语言。如果参与者忘记说出自己的想法①，控制者会及时提醒。如果参与者不清楚说什么想法，控制者也会给他做示范。当参与者基本可以适应有声思维，能够及时说出自己的想法时，控制者在征得参与者同意后就可以开始正式测试。打开屏幕记录仪和网络发射器。

测试参与者先根据任务内容在软件界面的帮助中打开相关话题②，一边阅读一边有声思维，看完后在电脑的桌面上建立 Excel 表，按要求输入英中对照的三个术语，再打开 MultiTerm Convert 向导，一边读界面上的说明，一边有声思维，然后再进行操作，操作完成后示意控制者，从最终生成的多个文件中给他指出需要得到的转换好的术语文件。

有研究者在进行操作手册的有声思维实验时先让参与者拿到手册随意通读 20 分钟，然后才告知他们实际的实验任务，开始正式测试。（Byrne，2005：165）我们认为这种方式与用户实际使用操作手册或软件帮助的方式不符。因为用户通常是有了明确的操作目的或在操作中遇到问题时才会去查看帮助，而不会像读小说一样先把帮助从头到尾通读一遍。所以此次测试控制者先告知参与者需要完成的任务，让他们带着任务去查看帮助中的相关话题，而不是所有话题，并特别提醒他们可以跳过不相关的内容，看完之后再开始操作，操作中遇到问题还可以重新查看帮助。这种使用帮助手册的方式更接近用户的实际使用情形，有助于提高测试的可信度。

开始之前，参与者被告知在测试的过程中除非遇到软硬件故障，否则不能同控制者交流，操作中遇到问题，可以重新查看帮助，但不能在网上（如百度知道）搜索相关操作信息。因为此次测试的目的是检验帮助本身能否指导用户独立完成任务，并在此基础上改进帮助与向导界

---

① 在实际测试中，当参与者遇到操作困难时，他们往往采取默读的方式，集中精力思考解决问题，这时就特别需要控制者善意的提醒。

② 此次任务主要涉及"关于 SDL MultiTerm Convert""准备用于转换的文件"和"转换文件"三个帮助话题。

面，提高产品的可用性。所以要排除其他一切干扰因素，使设计建立在比较客观的依据之上。

控制者在测试过程中坐在参与者左侧较远的地方，以减少对参与者的心理压力，但又能在参与者遇到技术故障时及时上前帮忙。控制者只能在参与者忘记有声思维而默读或仅出声阅读而没有说出自己的想法时才提醒参与者，其余时间一律保持沉默，专心记录参与者在有声思维中遇到的操作与理解等可用性问题，以便测试后及时分析数据，改进文档。

测试结束后，控制者还要采访参与者，进行回顾测试（参见本章第一节中"可用性测试的必要性"），内容有三项：第一，控制者需要核实参与者在有声思维时没有表述清楚的地方；第二，控制者请参与者自我判断操作结果，分析其完成任务的过程；第三，控制者请参与者回答有关对软件、软件帮助与测试本身满意度及建议的问题（参见附录八），收集软件使用与测试体验的反馈。采访的全过程大约 5 分钟，全程录音，便于事后数据分析。采访结束后，控制者感谢参与者的参与，并嘱咐他不要把测试的细节透露给尚未测试的其他参与者，以免影响后续测试的可信度。参与者离开后，控制者立即将测试数据进行专门保存，恢复最初的软硬件测试环境，迎接下一位参与者。

在主要测试开始前，本次设计还先对三位参与者分别进行了试点测试，目的是"检验测试的方法、素材和过程"，以发现潜在问题，改进方法，避免在主要测试中犯下"代价高昂与尴尬"的错误（Byrne，2006：207）。在此次试点研究中，本地化设计者发现了以下四个问题：

第一，该帮助与向导界面的可用性问题严重，参与者完成任务的几率有可能很低。三位对电脑相对熟悉的男性参与者平均花费 14 分钟进行全部操作部分的测试，结果无一人成功完成任何一项任务。不熟悉电脑操作的参与者花费的时间很可能会更长。而从可用性的角度看，就这两项任务的复杂程度而言，正常情况下初学者完成全部任务应不超过 5 分钟，否则时间过长很容易导致初学者放弃阅读帮助，从而使帮助在事实上失去了任何可用性。所以，本次测试决定放弃通常以完成任务的时间来衡量文档可操作性的标准，改为记录成功完成任务的数量与步骤。

第二，有时参与者在进行有声思维时不能立刻判断自己是否理解文档，需要在操作中验证自己最初的理解，所以，控制者在主要测试前应告知参与者遇到这种情况时不要断然说"理解"或"不理解"，可以说出自己的判断，并表明"此处待验证"。

第三，试点测试时一位参与者在操作软件时不慎误点了最小化在屏幕下方的 HyperCam，造成屏幕记录仪不当关闭，只记录下操作的声音。此时控制者由于离参与者较远并没有立刻发现该问题，直到操作结束回放时才发现。所以，在每次主要测试开始前，控制者都要提醒参与者，不要触碰屏幕下方的 HyperCam 软件，并告知他们如何判断 HyperCam 是否正常工作，如遇异常要及时报告控制者处理，并把该提醒写入测试说明中。控制者在每次操作结束后都会特意简单回放一下 HyperCam 记录的内容，确保测试过程记录无误。如果因意外没有记录，控制者可以立刻请参与者重新操作一遍。

第四，一位测试参与者建议最好能提供鼠标，方便操作。

针对以上问题，设计者一一作出了改进，确保了后续测试的顺利进行。

(四)第一轮测试结果分析与改进

第一轮测试顺利结束后，设计者先从定量数据入手分析文档与向导的可操作性，再结合定量分析的结果从定性数据中分析文档的具体问题并对文档作出第一次修订。

定量数据主要有两类：第一，完成两项任务的成功率；第二，完成第二项任务每一步骤的成功率。由于文档的整体可用性不高，所以衡量成功率的标准不是完成预定任务的时间，而是操作正确，成功完成了预定任务。第二项任务转换术语格式一共有九个步骤，完成这九个步骤才是成功完成第二项任务，但是从试点研究的结果看，做到这一点也可能比较难。所以设计者决定计算出每一步的成功率，以此来确定用户在使用过程中遇到困难的真正所在。第一次测试的结果如表 6-2 所示：

表 6-2　　　　　　　　第一次测试两项任务的成功率

任务	任务一	任务二
成功率(%)	0	0

表 6-3　　　　　　　　第一次测试第二项任务各步骤的成功率

步骤	一	二	三	四	五	六	七	八	九
成功率(%)	75	62.5	50	37.5	0	0	0	0	0

表 6-2 表明参与第一轮测试的八名参与者无一人成功完成任何一项任务，这与测试后采访的反馈情况基本一致。大多数参与者认为帮助和向导中有不少专业术语，而且找不到相关的解释，因此文档不容易被理解。而且，操作时常陷入困境，却无法从帮助和向导中获得必要信息，甚至有的参与者操作完成了还不知道自己实际上并没有成功完成任何一个任务。任务一与任务二虽然是前后相继的两个任务，成功完成任务一才能成功完成任务二。但是这两个任务在操作上又有一定的独立性。在任务一中没有正确输入术语数据(如少输入一个术语对)一般不会影响执行任务二中的术语转换操作。所以，设计者仍有必要对任务二中各步骤的操作正确率做出统计。

而从表 6-3 看，设计者发现随着操作步骤的增加，操作的成功率不断下降，到第五步，成功率降为 0，这意味着所有进行到第五步的参与者都没有正确操作，导致后面步骤即使操作正确也不可能成功完成该任务。

通过以上的定量分析，设计者初步把问题定位于两处：第一是"准备用于转换的文件"的帮助中对 Excel 文件的说明部分；第二是"转换文件"的帮助中对第五步骤的说明以及向导界面上对该步骤的说明。下面先分析第一个问题。

从翻译质量来看，这一节的译文（如表 6-4 所示）并没有什么大问题。但是从可用性上看，主要问题有两个。（见表 6-5）第一，文档源的写作是典型的"软件功能视角"，重在介绍 MultiTerm Convert 能处理哪些版本的 Excel 文档，而不是（用户）"任务导向视角"，没有从如何

表 6-4　　　　　　　　　　**帮助中对 Excel 文件的说明**

Microsoft Excel	SDL MultiTerm 直接支持 Microsoft Excel 2002/3。
	更高版本和 Excel（XP）的用户必须按以下步骤准备用于转换的文件：
	1. 将术语数据另存为逗号分隔值文件（CSV）或 XLS 文件。
	2. 使用 SDL MultiTerm Convert 来转换文件。
	Microsoft Excel 97 和 Microsoft Excel 2000 的用户必须按以下步骤准备用于转换的文件：
	1. 将 Microsoft Excel 97 中的术语数据另存为制表符分隔文件（TXT）。
	2. 用 Unicode 文本编辑器打开 TXT 文件，并将其另存为 UTF-8。
	Microsoft Excel 文件（XLS）必须符合以下前提条件：
	● 所有数据都必须位于工作簿的第一个工作表上。
	● 文件首行必须包含各列标题字段中的信息。
	● 若文件中含数据的列之间存在空列，则转换过程将在空列停止。
	若要将术语数据导入现有术语库中，而不是创建一个新术语库，请确保各列的标题字段含有与 SDL MultiTerm 术语库中对应字段相同的标签。

表 6-5 帮助中对 **Excel** 文件的说明 (英文原文)

Microsoft Excel	SDL MultiTerm directly supports Microsoft Excel 2002/3. Users of later versions and Excel (XP) must prepare their files for conversion as follows: 1. Save the terminology data as a comma separated values file (CSV) or an XLS file. 2. Convert the file using SDL MultiTerm Convert. Users of Microsoft Excel 97 and Microsoft Excel 2000 must prepare their files for conversion as follows: 1. Save the terminology data as a tab-delimited file (TXT) from within Microsoft Excel 97. 2. Open the TXT file in a Unicode text editor, and save it as UTF-8. Your Microsoft Excel file (XLS) must comply with the following preconditions: • All data must be located on the first sheet in the book. • The first row or line in the file must contain the information from the header field of each column. • If the file contains an empty column between columns that contain data, the conversion process will stop at the empty column. If you plan to import the terminology data into an existing termbase rather than creating a new termbase, make sure that the header field of each column has the same label as the corresponding field in the SDL MultiTerm termbase.

帮助用户完成 Excel 术语数据转换的角度来设计文档。这体现在先介绍软件可以处理的 Excel 版本类型，以及不同版本的数据保存要求，然后再讲所有版本都必须遵守的术语创建方式。这不符合用户先创建术语后保存的使用方式。从参与者的有声思维中，设计者发现不少人读到 Excel 中涉及的不同文件格式，都有不同程度的理解困难。他们把主要

精力用于理解这些与本次任务并非直接相关的内容，反而忽视了后面创建术语的具体要求。第二，创建术语的第二个前提条件是："文件首行必须包含各列标题字段中的信息。"这一句对普通用户来说很难理解。在有声思维中，四人表示不理解该句，主要是不理解"各列标题字段"和其中的"信息"，也有人表示不理解"文件首行"，其他四人虽然在有声思维中表示理解该句，但从他们的实际操作中可以看出，他们实际上并没有看懂这句话。

　　针对以上问题，设计者对目标文档原型分别作出了如下修改（参见附录四）：第一，调整内容安排。先介绍创建术语的要求，再明确保存的要求；第二，把创建术语的第二个前提条件重新设计为："工作表的第一行必须包含各列语言的名称（又称标题字段），如英中术语表的第一行 A 列必须输入'English'，B 列必须输入'Chinese'或'中文'。工作表的第一行还可以根据需要输入其他列数据的类型，如 definition，context，note，graphic 等。"设计理由是：中文版 Trados 针对的中文目标用户通常需要使用英中术语，即使使用 Trados 进行中文与其他语言之间的翻译，以英中术语为例也能够使绝大多数用户理解输入要求，做到举一反三。另一方面，对普通用户而言，双语对照的术语表是最常用的，而包含众多术语信息的复杂术语表则不常用。所以，先介绍最常用的双语对照术语表首行的输入方法，再介绍复杂术语表的首行输入，符合用户的使用特征。

　　第一次测试发现的第二个主要可用性问题集中于"转换文件"帮助中对第五步的说明以及向导界面上对该步骤的说明。

　　"转换文件"帮助中第五步指导用户根据他们在第四步所选的文件类型进行不同的操作，用户在第四步可以选择七种不同文件类型，但在第五步只能找到其中三种的操作方法，而对于其余四种则没有任何说明，连最常用的 Excel 术语表也没有介绍。（参见附录二）所以，本次测试参与者从该帮助中无法获得有关第五步的任何有用操作信息，他们只能借助向导界面（见图 6-1 和图 6-2）。

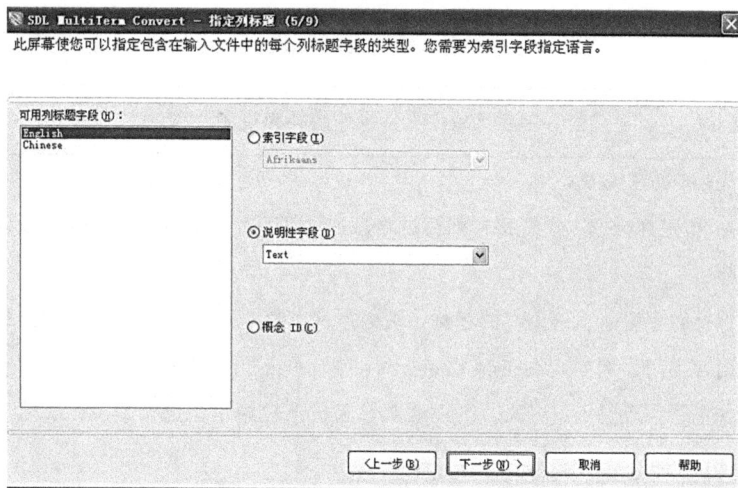

图 6-1　向导界面(中文版)

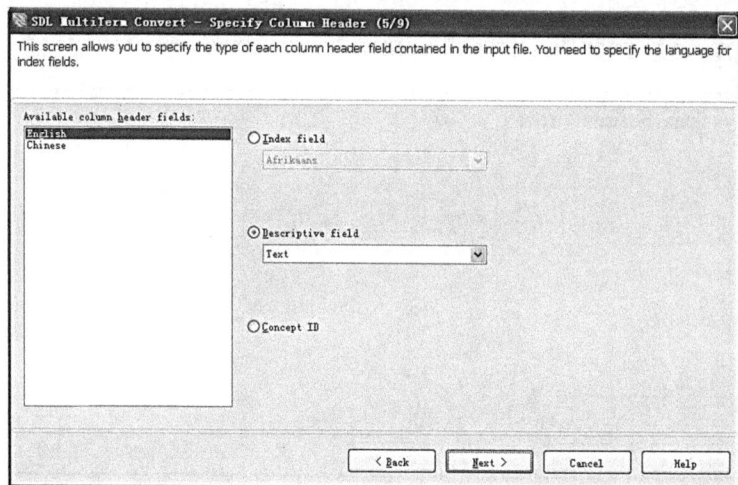

图 6-2　向导界面(英文版)

　　在第一次测试的八名参与者中，只有三人进行到了这一步，他们普遍对界面中的"列标题字段的类型"与"索引字段"表示不理解，一人对下面的"说明性字段"和"概念 ID"也表示不明白。所以，设计者不仅要在帮助中补充有关 Excel 文件的操作(见表 6-6),还要在向导界面中重新设计说明,使用户学会如何设置列标题字段(见图 6-3)。

表 6-6 　　　　　　　　　　 有关 Excel 文件操作的补充说明

对于 Microsoft Excel 文件:

　　A. 指定列标题。设置**每一列**标题字段的类型(索引字段、说明性字段或概念 ID)。

　　如标题字段是术语语言的名称,则必须在"索引字段"的下拉菜单中选择具体的语言类型,例如:English(United States),单击"下一步"。

　　如标题字段是术语定义,则在说明性字段下拉菜单中选择其属性,然后单击"下一步"。

　　B. 创建条目结构。……

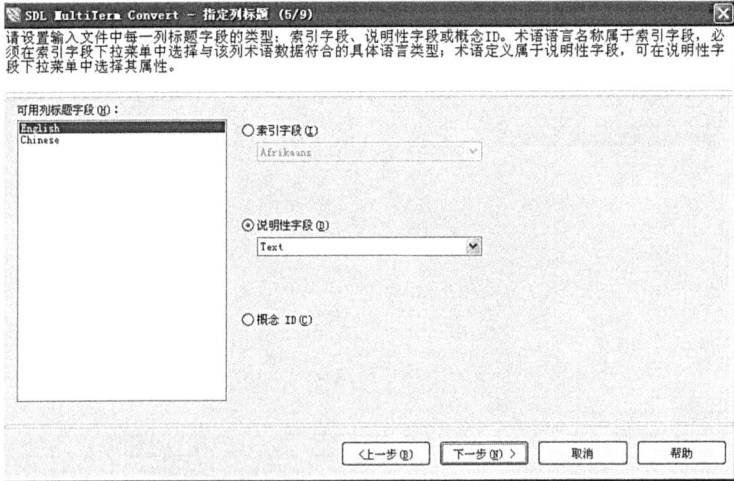

图 6-3 　向导界面关于设置列标题字段的说明

　　此处的主要设计考虑是:首先,虽然测试参与者对"列标题字段"(column header field)与"索引字段"(index field)等术语的含义不理解,但是没有必要详细解释这些术语的含义,只要用通俗易懂的语言向用户讲清楚应该如何正确操作就基本可以实现文档的可用性。例如，如表6-6所示，在修订"准备用于转换的文件"帮助时设计者已经解释了"标题字段"的含义，用户先读帮助理解了"标题字段"的含义后，该概念就成为他们已知的背景知识，所以设计者在设计第五步时利用该背景知识把"列标题字段"表述为"每一列标题字段"，希望能有助于用户理解。其次，设计者根据对该软件的了解，特意用粗体表示"每一列"以提醒用户注意操作中的关键点。最后，如图6-3所示，除了满足普通用户转换双语或多语术语数据的需求，设计者还尽可能照顾到高级用户转换具有说明性字段等复杂术语数据的需求，对说明性字段的操作也作了说明。但由于界面上方的空间有限以及概念 ID 适用范围十分有限，所以设计者没有对概念 ID 作出解释。

针对帮助与向导的可操作性和理解性，第一次修改除了对以上两处主要问题进行改进设计外，设计者根据参与者的有声思维和实际操作录像，还对其他 17 处（帮助中 9 处和向导中 8 处，参见附录四和附录五①）问题相对集中的词句也进行了修改，希望能够从帮助用户完成术语转换任务的角度提高文档的可用性。例如，帮助中在介绍 MultiTerm Convert 可以转换的文件类型时列举了七种文件，这七种文件中对普通用户来说最熟悉的就是 Excel 文件，而其他文件都是相对更专业的文件（如 MTW 文件、TDB 文件和 MDB 文件），但是帮助却把 Excel 文件放在了列表的第六位，查找不方便，所以设计者把 Excel 文件列到第一位，把次常用的电子表格和数据库交换文件列于第二位，把不常见的文件类型列在后面。

再比如，在帮助中介绍 MultiTerm Convert 时有这样一句话："它可以转换单个输入文件。"在参与测试的八人中有四人表示不理解"单个输入文件"。设计者实际使用软件后知道这是指该软件一次只能转换一个文件而不能批量转换多个文件，所以把该句改为"它一次只能转换一个输入文

---

① 在附录四和附录六中每次新修改的地方都用方框标示出来。

件"。"输入文件"这个术语虽然仍有可能给某些用户带来理解困难，但是考虑到向导界面第四步中有"输入文件"与"输出文件"等选项，"转换文件"帮助中也已涉及这对概念，所以在此使用"输入文件"不仅与软件界面保持术语一致，还为用户理解后面的帮助提供了必要的背景信息。

（五）第二轮测试结果分析与改进

第一次修改后，设计者又进行了第二次可用性测试，以检验设计效果。此次测试参与者仍是学生志愿者，一共 10 人，测试结果如表 6-7、表 6-8 所示：

表 6-7　　　　　　　　第二次测试两项任务的成功率

任务	任务一	任务二
成功率(%)	60	10

表 6-8　　　　　　　第二次测试第二项任务各步骤的成功率

步骤	一	二	三	四	五	六	七	八	九
成功率(%)	70	70	70	70	10	10	10	10	10

由表 6-7 和表 6-8 可以看出，修改后的文档和向导的可用性明显提高，参与者成功完成任务一和任务二的比率由原先的 0% 和 0% 分别上升到 60% 和 10%。完成任务二中各个步骤的成功率除了第一步略有下降外，其余八个步骤都出现上升，而且前四个步骤的成功率都达到了较高的 70%。但是原先的两个主要可用性问题似乎仍有提高的余地，特别是第五步骤的成功率依旧不高。我们先分析任务一的情况。

在没能完成任务一的 4 人中，3 个人都忘记了如何使用 Excel 软件，不知道如何输入术语，甚至不知道什么是"工作簿"和"第一个工作表"，这 3 个人随后也放弃了对任务二的测试。而第四个人显然也不熟悉

Excel 软件的特点，在表中第二行输入 Cable News Network 后，由于该词条延伸到了 C 列，所以该参与者直接在 C 列输入"美国有线新闻网"，造成 B 列实际上没有输入任何术语。因此，他们没能完成任务一并不是因为帮助手册的可用性不高，设计者于是没有对"准备用于转换的文件"帮助进行内容上的改动，只是把其中四处"必须"一词加上了粗体（参见附录六）。

到此为止，设计的难点在于任务二中第五步的可用性仍然不高。10 名参与者中有 7 人进行到这一步，但只有 1 人操作正确，其余 6 人虽然看了帮助后都知道设置英语的索引字段（这与第一次测试的情况相比是个明显的进步），但都没有继续设置中文的索引字段。即使是操作正确的参与者在这一步也足足用了 5 分钟，远远超出正常操作所需的时间。因此，设计者决定在"转换文件"帮助的第五步中一方面把"必须"一词也变为粗体，以进一步引起用户的注意，另一方面在文字例子之中加上 Chinese(PRC)，并配上设置索引字段的屏幕截图，帮助用户更直观地学习软件操作(Gellevij & Meij，2004)。（如图 6-4 和图 6-5 所示）

对于 Microsoft Excel 文件：

A. 指定列标题。设置**每一列**标题字段的类型（索引字段、说明性字段或概念 ID）。

如标题字段是术语语言的名称，则**必须**在"索引字段"的下拉菜单中选择具体的语言类型，如图 6-4 和图 6-5 所示：English (United States)，Chinese(PRC)，单击"下一步"；

图 6-4 英语索引字段屏幕截图

133

图 6-5　汉语索引字段屏幕截图

如标题字段是"术语定义"等其他类型，则在说明性字段下拉菜单中选择其属性，然后单击"下一步"。

B. 创建条目结构……

除了以上这个主要修改外，第二次修改对第六步也添加了屏幕截图，而其他地方则只作了个别的调整。(参见附录六和附录七)如把步骤七中的翻译错误"请转换设置汇总"改为"请确认下面的转换设置汇总"。

(六)第三轮测试结果分析与建议

第二次修改结束后，设计者又对 9 名参与者进行了第三次可用性测试，结果如表 6-9、表 6-10 所示：

表 6-9　　　　　　　第三次测试两项任务的成功率

任务	任务一	任务二
成功率(%)	77.8	44.4

表 6-10　　　　　第三次测试第二项任务各步骤的成功率

步骤	一	二	三	四	五	六	七	八	九
成功率(%)	100	100	100	100	44.4	44.4	44.4	44.4	44.4

任务一和任务二的成功率都有所提高，特别是任务二的成功率提高

幅度很大。任务一数据的提高可能跟文档字体的修改有关。而任务二数据的提高在一定程度上反映出文档可用性的提高。这不仅体现在操作成功率上，还体现在完成关键步骤的时间上。成功完成任务二的 4 人中有 2 人在操作第五步时只用了不到 3 分钟，操作效率与第二次测试相比明显提高。

但设计者对这一结果仍不十分满意，因为 9 名测试参与者中仍有 5 人在第五步只设置了英语的索引字段，在测试结束后的采访中，设计者发现，有的参与者没有看到第二个截屏（图 6-5），也有的看到了而不知道这两个截屏的关系。这其中可能有参与者自身的原因（如粗心大意等），也可能说明文档在这一步仍有改进的余地。有一位参与者建议，可以把如何设置列标题字段的每一步都详细写出来，如点击"English"，在索引字段的下拉菜单中选择"English（United States）"，然后再点击"Chinese"，再在索引字段的下拉菜单中选择"Chinese（PRC）"等。设计者认为如果给屏幕截图配上文字，或许会使用户更加清楚这两者的先后关系。由于客观条件限制，设计者并没有进行第四次可用性测试，以检验这些不错的设计思路。但是经过三轮的循环设计，第三个版本的帮助文档和向导界面与第一个原型版本相比已经在可用性上有了显著提高。

四、设计总结

Trados 软件在同类软件中的学习曲线是比较陡峭的，即使是熟悉计算机软件操作的用户也往往要用较长时间学习掌握。（徐彬，2007：83）这可能不仅是因为软件本身的功能复杂，设计不够人性化，还可能因为帮助文档和向导界面文字的可用性不高。所以如果在产品文档与界面设计的过程中，甚至在产品概念的形成阶段就考虑本地化，进行多次小规模的可用性测试，是可以进一步提高产品的整体可用性的。此次的模拟设计就是很好的证明。

从整个设计过程看，主要有三点经验教训：

第一，设计应尽可能降低由于测试参与者自身的原因而影响产品可用性数据的真实性。此次本地化设计涉及两个相互关联的任务：使用 Excel 创建术语表和使用 MultiTerm Convert 转换术语表的格式。这就要求测试参与者必须具备最基本的 Excel 操作能力，否则不论帮助手册如何详细地介绍 Excel 表格的术语输入要求，测试者如果连"工作簿""列""行""标题"等 Excel 的基本概念都不知道，不知道如何新建 Excel 表、如何输入内容和如何保存，那么就不可能完成任务一。他们进行的可用性测试也就不能有效反映帮助的可用性。设计者在设计准备阶段征集参与者时虽已考虑到他们学习过 Excel 的使用，但没有想到有些人由于长时间不使用该软件而造成技能严重退化。所以，在以后类似的测试中应提前确保参与者具备最基本的相关技能，减少可用性数据失真的可能性。

第二，对测试数据的分析应当更加客观，减少设计的随意性。虽然有声思维作为用户协议测试的重要组成，能够提供不少有关信息的选择、理解和可操作性方面的用户反馈（Schellens & De Jong, 1997：486），但是设计者必须从众多反馈中总结出有代表性的问题，而且要结合用户的实际操作来判断问题的严重性，不能偏听偏信个别参与者的反馈，也不能只依据有声思维得到的集体反馈来修改文档。所以，本地化设计者在数据分析和设计改进上需要不断提高自身能力。

第三，测试的技术保障也要提高。此次测试在线帮助如果能够把修改好的帮助也做成在线帮助或在电脑屏幕上呈现，就能进一步增强测试的逼真性，提供更为可靠的可用性数据。因为阅读打印文档与电子文档毕竟存在一定差别。此外，设计者在数据分析中回放操作录像时发现，HyperCam 有时出现声音与画面不同步的现象。这在以后的测试中应当得到改进，或选择性能更好的屏幕记录软件。

此次模拟设计不仅提高了帮助文档与向导界面的可用性，还发现了一些软件自身的功能缺陷。而有些功能缺陷的改进还能从根本上提高文档的可用性。例如，在转换操作的第五步，当用户没有对任何列标题字段设置索引字段直接点击"下一步"时，系统会弹出提示"您必须至少将一个字段定义为索引字段"，并阻止用户进行下一步操作。在测试中，不少参与者看到该提示就误以为只需要把一列标题字段设为索引字段就可以成功转换，所以许多参与者都只设置了第一列标题字段的索引字段，有些甚至设置了与标题字段并不匹配的错误语言类型就进行下一步，而此时系统不再报错，而且在转换结束后还显示"3 条目已成功转换"，使用户误以为转换成功。只有当他们在把术语数据导入术语库时才会发现数据缺失。克服这一功能缺陷的方法其实很简单，只要当用户只对一个列标题字段设置索引字段并点击"下一步"时，系统自动弹出提示窗口"您必须至少将两个字段定义为索引字段"就可以确保基本设置正确。此外，软件的默认选项应当针对大多数普通用户，最大限度地方便用户使用，而在测试中当用户不确定应该如何设置时也往往选择默认选项。但是在转换的第五步，MutiTerm Convert 对列标题字段的默认设置是说明性字段而不是必选的索引字段，这也给用户带来了一定的麻烦。最后，有参与者在采访中提到，在索引字段的下拉菜单中应当把英语和汉语等常用语言放置在语言列表的最上端，而不应按照字母顺序把不相关的 Afrikaans(南非荷兰语)排列在第一位，把汉语和英语都排在后面，查找十分不便。这一点也说明该软件只注重了国际化而没有考虑中文用户的具体需求。

　　以上这些功能缺陷如果能得到有效解决，必定可以提高软件的综合可用性。由此可见，软件等信息产品的帮助和向导文档都是软件不可或缺的组成部分，文档的本地化设计水平高，可用性强，也会提升整个产品的品质与可用性，赢得更多用户的肯定。

结　　论

在信息全球化的时代背景下，信息已成为与"衣、食、住、行"同等重要的人类生活的必备要素。随着信息技术和信息产品的不断发展，人的信息需求不断被挖掘，不断被满足，这种用户体验不断提升的趋势必将伴随整个信息时代。本地化产业的发展正是软件等信息产品顺应这一趋势在商业上的充分体现，其未来的发展仍将沿此路径在信息的(品)质、(数)量和时(效)上不断满足全球用户复杂而多样的需求。本书的理论思考所针对的现实挑战正是如何更好地为全球用户提供他们所需要的有用的信息。

目前的国内外学界与本地化行业内对本地化的研究还处于初创阶段，尚未对信息在本地化过程中的跨文化传播规律进行系统的研究。信息本地化与翻译同为信息的跨文化传播，二者之间多有相似，业已引起翻译学术界少数学者的关注，但他们对本地化的探讨在整个翻译研究界还未产生重要影响。这除了因为多数学者对本地化行业不甚了解外，还因为翻译研究中的信息本地化研究还存在着研究定位不够准确、基本概念不够清晰和理论框架与方法论缺失等不足。这或许是任何新兴研究领域所必经的阶段。

本书正是为了弥补这些不足首次尝试系统地阐述信息本地化研究的理论框架与方法，提出了信息本地化的本质是信息的跨文化源发传播，其定义是"为实现特定跨文化传播意图，以满足最终用户信息需求的方式而进行的跨文化信息设计"，从传播模式的角度详细分析了信息本地化中的传者(本地化设计者)、受众(信息产品的最终用户)、讯息(多模态信息)、媒介(电子媒介)、效果(可用性)和社会情境(本地)传播六要素及其相互关系，提出了聚焦于最终用户的信息本地化的文档源设计和目标文档设计的过程和方法，并初步论证了在目标文档设计中通过循环可用性测试可以切实提高最终本地化文档的可用性。

本书的创新主要体现在以下四个方面。

第一，从传播模式的角度，首次提出信息本地化是跨文化的源发传播，而翻译是跨文化的衍生传播。前者不仅与后者一样都关注信息跨文化传播过程的后端——目标文档的生成，还关注该过程的前端——文档源的生成。这从根本上明确了信息本地化与翻译的区别。在认知语言学的关联理论中(Sperber & Wilson，1986)，这两者的差别正是基于人类的心理特征：描述性的语言使用(descriptive use of language)和解释性的语言使用(interpretive use of language)。Gutt认为：

> 人类有两种不同的方式怀有思想——他们可以通过描述性的方式怀有思想，使思想与事物的真实状态相符，他们也可以通过解释性的方式怀有思想，使思想与其他思想具有解释性的相似性，而这两者的差别自然也体现在传播方式中。(2004：58)

信息本地化是从特定的传播意图出发，为目标地域的用户提供他们所需要的有关事物真实状态的信息，信息的来源可以是事物本身，也可以是各种相关的原语或译语的文档素材；信息本地化可被看作"跨文化的描述性的语言使用"。而翻译是为目标地域的读者提供他们希望了解的原语文本的译文，可以被看作"跨文化的解释性的语言使用"。信息本地化没有原文，即使有，也不是翻译意义上的原文，而是经过针对全球通用用户的可用性设计的文档源，设计者在目标文档设计时可以对文档源进行任何改动与加工；翻译有原文，而且原文的意义是翻译活动的重心，原文是不能轻易改动的，即使改动也是有限度的。信息本地化虽然从表面上看有时与翻译相似，也是改写文本适应目标读者①，但从源发传播的本质上讲信息本地化不存在改写与适应的问题，而是写作与设计的问题，是跨文化的多语写作与设计。

第二，本地化行业往往把本地化放在全球化、国际化、本地化和翻译的关系体（GILT）中一起讨论，本地化设计研究整合了这四者的关系，提出了以本地化设计者、信息产品的最终用户、多模态信息、电子媒介、可用性和本地情境为六要素，以文档源设计与目标文档设计为主要步骤的一体化的信息本地化设计理论。从目前掌握的资料看，翻译学界无论国内外尚未对信息本地化的以上六要素进行系统研究，也没有结合这六要素对信息本地化的过程进行深入文本的探讨。多位翻译学者曾提出国际化是本地化有别于翻译的重要标志之一。（Pym，2010；O'Hagan，2006：40；Gile，2006：60）国际化是在产品设计研发之初就开始考虑内容是否适合本地化与翻译，这与翻译独立于原文创作之外，往往是创作的事后行为（an after-thought）有着根本不同（O'Hagan，2006：40）。但问题是"我们把该产业称为'本地化'，但国际化却是本地化的关键因素"（Pym，2006：56）。Pym认为国际化这一名称不恰当，因为它与国家没有关系，而是作用于"本地"之间。所以可以改为"地际化"（interlocalization）或"去本地化"（delocalization）。但他又无意改变这一并不严谨的行业术语。（2010：124）这里的问题其实不仅是名称的问题，还是传播本质的问题。Pym有可能因为没有认识到信息本地化的源发传播本质而不便轻易改动行业内术语。从信息本地化的源发性，可以更清楚地界定全球化、国际化与本地化的关系。前二者都是为本地化作准备，都是为了方便产品的本地化（Folaron，2006：199-201），都属于信息本地化的前端设计，因此是信息本地化这一过程不可分割的组成部分。此外，随着全球化的深入，真正全球化的产品往往是不断拓展的

---

①　Gutt认为在涉及跨文化的描述性的语言使用场景中使用翻译的方法是出于方便的考虑。把现成的原文翻译为译文比用目标语重新创作文本更高效、便捷和经济，也就是使最重要的是目标语文本凭借自身成功实现信息传播。（2004：64）

本地化产品的体现。我们认为，在目前以及不远的未来，全球即本地，全球是具有共性的大本地，但同时又是包含众多小本地的具有多样性的大本地。信息本地化最终是信息的全球本地化。所以我们以本地化设计来涵盖行业中的全球化、国际化、本地化和翻译这一系列概念，既符合本地化的发展趋势，也符合信息本地化的源发传播本质。

　　第三，信息本地化是以用户为中心的，满足用户对信息的多种可用性需求的跨文化信息设计。本地化行业中以产品为中心的设计注重适应本地的语言、文化、技术等规范，但没有真正把产品的最终用户置于信息设计的中心位置。这种粗放式的浅层本地化不能很好地满足用户的多种可用性需求，有时甚至无法满足用户的基本可用性需求，造成"译尤不译"，致使信息本地化效果大打折扣。而本地化设计针对本书提出的人的十二种主要信息需求，继而提出了多维立体的文档可用性概念，这既不是狭义上仅能帮助用户学会操作的可用性，也不是广义上使用户能够"容易使用"文档的可用性，而是包括信息的获得、理解与利用的有效性、高效性与愉悦性在内的全方位的文档可用性。本地化设计作为在全球范围内的跨文化设计，要实现文档在不同地域的可用性，满足不同地域用户的需求，同时兼顾成本和效率因素，往往不能一步到位，而需要按文档源设计和目标文档设计两个步骤进行。前者主要实现文档源在信息的获得、理解与利用维度上的有效性，确保目标文档设计时经过翻译的多语目标文档原型的基本可用性；后者则在前者基础上生成目标文档原型，根据产品特征和不同地域用户的具体情形进一步实现最终目标文档在信息的获得、理解与利用维度上的有效性、高效性与愉悦性，即定制化的可用性，从而最终实现全球用户各自期待的文档可用性，实现精细的深度本地化。

　　第四，本地化设计在方法论上主要采用了可用性测试的实证方法来评估文档在实际用户中的使用效果，并通过循环设计的方式来验证测试后文档改进的效果，直至得到达到用户可用性标准的目标文档。在传统的信息设计(包括翻译)中，评价文档效果的方式常常是文本评估和专家评估(参见第六章第三节中"可用性测试的必要性")。这两种方式都没有直接利用受众对文档的反馈,因而并不能准确评价文档在实际用户中的使用效果。本地化设计的目标文档的质量或效果最终取决于不同地域中使用文档的最终用户,因此本地化设计采用了可用性测试这一读者评估方式,直接把用户对文档的真实反馈融入文档设计的过程中,并依据该反馈及时改进文档,切实提高了目标文档的可用性,提升了用户体验,使产品可以真正被用户使用、易于使用与乐于使用。

本书的研究意义主要体现在如下三个方面:

第一,辨析了信息本地化与翻译之间的联系与区别。

第二,系统地论述了信息本地化的要素、过程和方法,初步构建了信息本地化研究的基本理论框架和方法论。

第三,提出了以用户为中心,提高文档多维可用性的本地化设计理念与方法,为本地化行业的发展提供了参考。

本书的信息本地化研究只是对本地化设计的初步探索,勾勒了其基本理论框架和方法论,还有许多问题没有得到深入研究。例如,文档源设计是否要经过不同地域用户代表的可用性测试,如何进行才具有合理性和有效性。再比如,文档源设计和不同目标文档的设计是否可以准同步进行,在实现产品同期发布的同时达到用户的可用性要求。再比如,本地化设计如何能满足用户对信息的个性化需求,实现真正的"量体裁衣"。希望随着信息本地化研究的深入,这些问题与不足能够一一得到解决。

本书所构建的信息本地化的理论框架虽然简略,但可以为今后的研究指明方向。从信息本地化的各要素看,未来的信息本地化理论研究可以从信息本地化设计者研究、信息本地化用户研究、多模态信息产品及其可用性研究以及用户的本土情境研究这四个主要方向开展。本地化设计者研究可以探讨设计者的能力素养、设计者写作设计时的认知活动、设计者获取知识的途径、设计者了解用户的方法、文档源写作和目标文档原型设计等;本地化用户研究可以探讨用户信息需求的复杂性、用户需求与使用情境的关系、用户阅读和使用文档时的认知活动、用户使用不同文档的方式、用户的共性与差异及其对文档可用性需求的影响等；多模态信息产品及其可用性研究可以探讨多模态意义构建规律、多模态意义的跨文化转换、图文配合的特点和规律、不同文化的用户对多模态信息的处理、多模态文档的可用性测试等；用户的本土情境研究可以探讨本地的文化社会等因素对本地化设计的影响、本地与用户需求的关系、本地的文化杂合带给本地化设计的挑战等。这四个方向的研究侧重点虽然不同，但是相互之间却又紧密联系，研究时往往要相互借鉴，以免以偏概全。

参 考 文 献

[1] Albers, Michael J. Multidimensional Audience Analysis for Dynamic Information [J]. *Journal of Technical Writing and Communication*, Vol. 33, No. 3, 2003: 263-279.

[2] Anderson, Paul V. *Technical Communication: A Reader-Centered Approach* [M]. Boston: Wadsworth, 2011.

[3] Barber, John F. A New Web for the New Millennium [A]. In Carol Lipson and Michael Day (eds.). *Technical Communication and the World Wide Web* [C]. Mahwah & London: Lawrence Erlbaum Associates, 2005: 113-132.

[4] Barnum, Carol M. *Usability Testing Essentials: Ready, Set... Test!* [M]. Burlington: Elsevier, 2011.

[5] Bell, R. *Translation and Translating: Theory and Practice* [M]. London & New York: Longman, 1991.

[6] Byrne, Jody. Evaluating the Effect of Iconic Linkage on the Usability of Software User Guides [J]. *Journal of Technical Writing and Communication*, Vol. 35, No. 2, 2005: 155-178.

[7] Byrne, Jody. *Technical Translation: Usability Strategies for Translating Technical Documentation* [M]. Dordrecht: Springer, 2006.

[8] Chao, Mike Chen-ho. Nitish Singh, Chin-Chun Hsu, et al. Web Site Localization in the Chinese Market [J]. *Journal of Electronic Commerce*

Research, Vol. 13, No. 1, 2012: 33-249.

[9] Combe, Karen. Localization at Hewlett-Packard's LaserJet Solutions Group [A]. In Robert C. Sprung & Simone Jaroniec (eds.). *Translating into Success: Cutting-Edge Strategies for Going Multilingual in a Global Age* [C]. Amsterdam & Philadelphia: John Benjamins Publishing Company, 2000: 97-110.

[10] Courage, Catherine & Kathy Baxter. *Understanding Your Users: A Practical Guide to User Requirements Methods, Tools, and Techniques* [M]. San Francisco: Morgan Kaufmann Publishers, 2005.

[11] Cronin, Michael. *Translation and Globalization* [M]. London & New York: Routledge, 2003.

[12] Cyr, Dlanne. Modeling Web Site Design Across Cultures: Relationships to Trust, Satisfaction, and E-Loyalty [J]. *Journal of Management Information Systems*, Vol. 24, No. 4, 2008: 47-72.

[13] Douglas, Ian. & Zhengjie Liu. Introduction [A]. In Ian Douglas and Zhengjie Liu (eds.). *Global Usability* [C]. London: Springer, 2011.

[14] Dumas, J. S. & Janice C. Redish. *A Practical Guide to Usability Testing* [M]. Exeter, United Kingdom: Intellect Books, 1999.

[15] Dunne, J. Keiran (ed.). *Perspectives on Localization* [C]. Amsterdam & Philadelphia: John Benjamins, 2006.

[16] Dunne, J. Keiran. Assessing Software Localization: For a Valid Approach [A]. In Claudia V. Angelelli and Holly E. Jacobson (eds.). *Testing and Assessment in Translation and Interpreting Studies: A Call for a Dialogue between Research and Practice* [C]. Amsterdam & Philadelphia: John Benjamins, 2009: 185-222.

[17] Dray, Susan M. & David A. Siegel. Melding Paradigms: Meeting the Needs of International Customers Through Localization and User-Centered Design [A]. In Keiran J. Dunne (ed.). *Perspectives on*

Localization [C]. Amsterdam and Philadelphia: John Benjamins, 2006: 281-308.

[18] Esselink, Bert. *A Practical Guide to Localization* [M]. Amsterdam and Philadelphia: John Benjamins, 2000.

[19] Even-Zohar, Itamar. Translation and Transfer [J]. *Polysystem Studies*, *Poetics Today*, Vol. 11, No. 1, 1990: 73-78.

[20] Even-Zohar, Itamar. Culture Repertoire and Transfer [A]. In S. Petrilli (ed.). *Translation Translation* [C]. New York: Rodopi, 2003: 425-431.

[21] Fukuoka, Waka. Yukiko Kojima, Jan H. Spyridakis. Illustrations in User Manuals: Preference and Effectiveness with Japan and American Readers [J]. *Technical Communication*, Vol. 46, No. 2, 1999: 167-176.

[22] Flint, Patricia. Melanie Lord van Slyke, Doreen Stärke-Meyerring, et al. Going Online: Helping Technical Communicators Help Translators [J]. *Technical Communication*, Vol. 46, No. 2, 1999: 238-248.

[23] Ganier, Franck. Comparative User-Focused Evaluation of User Guides: A Case Study [J]. *Journal of Technical Writing and Communication*, Vol. 37, No. 3, 2007: 305-322.

[24] Ganier, Franck. Observational Data on Practical Experience and Conditions of Use of Written Instructions [J]. *Journal of Technical Writing and Communication*, Vol. 39, No. 4, 2009: 401-415.

[25] Gellevij, Mark & Hans Van Der Meij. Empirical Proof for Presenting Screen Captures in Software Documentation [J]. *Technical Communication*, Vol. 51, No. 2, 2004: 224-238.

[26] Gile, D. *Basic Concepts and Models for Interpreters and Translator Training* [M]. Amsterdam and Philadelphia: John Benjamins, 1995.

146

[27] Göpferich, Susanne. Translation Studies and Transfer Studies: A Plea for Widening the Scope of Translation Studies [A]. In Yves Gambier, Miriam Shlesinger, Radegundis Stolze(eds.). *Doubts and Directions in Translation Studies: Selected Contributions from the EST Congress, Lisbon* 2004 [C]. Amsterdam and Philadelphia: John Benjamins, 2007: 27-39.

[28] Gutt, Ernst-August. *Translation and Relevance: Cognition and Context* [M]. Shanghai: Shanghai Foreign Language Education Press, 2004.

[29] Ha, Hong-Youl. Factors Influencing Consumer Perceptions of Brand Trust Online [J]. *Journal of Product & Brand Management*, Vol. 13, No. 5, 2004: 329-342.

[30] Hall, E. T. *Beyond Culture*[M]. New York: Anchor Books, 1976.

[31] Hargis, Gretchen. Michelle Carey, Ann Kilty Hernandez, et al. *Developing Quality Technical Information: A Handbook for Writers and Editors* [M]. Boston: IBM Press, 2004.

[32] Hartley, Anthony & Cécile Paris. Multilingual Document Production: From Support for Translating to Support for Authoring [J]. *Machine Translation*, Vol. 12, 1997: 109-129.

[33] Hartley, Tony. Technology and Translation [A]. In Jeremy Munday (ed.). *The Routledge Companion to Translation Studies* [C]. London & New York: Routledge, 2009: 106-127.

[34] Hatim, Basil & Jeremy Munday. *Translation: An Advanced Resource Book* [M]. London & New York: Routledge, 2004.

[35] Hatim, Basil & Ian Mason. *The Translator as Communicator* [M]. London & New York: Routledge, 1997.

[36] Herrington, Anne J. Writing in Academic Settings: A Study of the Contexts for Writing in Two College Chemical Engineering Courses [J]. *Research in the Teaching of English*, Vol. 19, No. 4, 1985: 331-361.

[37] Hillier, Mathew. The Role of Cultural Context in Multilingual Website Usability [J]. *Electronic Commerce Research and Applications*, 2003 (2): 2-14.

[38] Horen, F. M. Van. C. Jansen, A. Maes, et al. Manuals for the Elderly: Which Information Cannot Be Missed? [J]. *Journal of Technical Writing and Communication*, Vol. 31, No. 4, 2001: 415-431.

[39] Hovde, Marjorie Rush. Research Tactics for Constructing Perceptions of Subject Matter in Organizational Contexts: An Ethnographic Study of Technical Communicators [J]. *Technical Communication Quarterly*, Vol. 10, No. 1, 2001: 59-95.

[40] Hovde, Marjorie Rush. Creating Procedural Discourse and Knowledge for Software Users: Beyond Translation and Transmission [J]. *Journal of Business and Technical Communication*, Vol. 24, No. 2, 2010: 164-205.

[41] De Jong, Menno & Peter Jan Schellens. Reader-Focused Text Evaluation: An Overview of Goals and Methods [J]. *Journal of Business and Technical Communication*, Vol. 11, No. 4, 1997: 402-432.

[42] De Jong, Menno & Peter Jan Schellens. Readers' Background Characteristics and Their Feedback on Documents: The Influence of Gender and Educational Level on Evaluation Results [J]. *Journal of Technical Writing and Communication*, Vol. 31, No. 3, 2001: 267-281.

[43] Kohlmeier, Bernhard. Microsoft Encarta Goes Multilingual [A]. In Robert C. Sprung and Simone Jaroniec (eds.). *Translating into Success: Cutting-Edge Strategies for Going Multilingual in a Global Age* [C]. Amsterdam and Philadelphia: John Benjamins, 2000: 1-12.

[44] Kohl, John R. Improving Translatability and Readability with Syntactic Cues [J]. *Technical Communication*, Vol. 46, No. 2, 1999: 149-

166.

[45] Lin, Frank & Angelika Zerfaβ. Introduction to Localizing for China and Japan [J]. *Multilingual*, 2011(3): 22-27.

[46] Loiacono, Eleanor T. Richard T. Watson, Dale L. Goodhue. WebQual: An Instrument for Consumer Evaluation of Web Sites [J]. *International Journal of Electronic Commerce*, Spring, Vol. 11, No. 3, 2007: 51-87.

[47] Lentz, Leo & Menno De Jong. The Evaluation of Text Quality: Expert-Focused and Reader-Focused Methods Compared [J]. *IEEE Transactions on Professional Communication*, Vol. 40, No. 3, 1997: 224-234.

[48] Lentz, Leo & Jacqueline Hulst. Babel in Document Design: The Evaluation of Multilingual Texts [J]. *IEEE Transactions on Professional Communication*, Vol. 43, No. 3, 2000: 313-322.

[49] Lynch, Patrick D. Robert J. Kent, Srini S. Srinivassan. The Global Internet Shopper: Evidence from Shopping Tasks in Twelve Countries [J]. *Journal of Advertising Research*, Vol. 41, No. 3, 2001: 15-23.

[50] Major, David & Akihiro Yoshida. Crossing National and Corporate Cultures: Stages in Localizing a Pre-Production Meeting Report [J]. *Journal of Technical Writing and Communication*, Vol. 37, No. 2, 2007: 167-181.

[51] Mangrion, Carmen. Video Games Localization: Posing New Challenges to the Translator [J]. *Perspectives: Studies in Translatology*, Vol. 14, No. 4, 2006: 306-323.

[52] Mandsjo, K. Man-Text-Technology: Technical Manuals as A Means of Communication[A]. In M. Steehouder, C. Jansen, P. Vander Poozt & R. Verheijen(eds.). *Quality of Technical Documentation*[C]. Atlanta,

GA: Rodopi, 1994: 185-200.

[53] Markel, Mike. *Technical Communication* [M]. Boston & New York: Bedford/St. Martin's, 2009.

[54] Maynard, Michael & Yan Tian. Between Global and Glocal: Content Analysis of the Chinese Web Sites of the 100 Top Global Brands [J]. *Public Relations Review*, 2004(30): 285-291.

[55] Microsoft. *Windows Phone: Style Guide for Simplified Chinese* [M]. 2011.

[56] Microsoft. *Microsoft Manual of Style* [M]. 4th ed. Redmond: Microsoft Press, 2012.

[57] McKinney, V., Yoon, K. & Zahedi, F. M. The Measurement of Web-Customer Satisfaction: An Expectation and Disconfirmation Approach [J]. *Information Systems Research*, Vol. 13, No. 3, 2002: 296-315.

[58] Mossop, Brian. Book Review: The Moving Text [J]. *Target*, Vol. 17, No. 2, 2005: 363-369.

[59] Munday, Jeremy. *Introducing Translation Studies: Theories and Applications* [M]. London & New York: Routledge, 2008.

[60] Munday, Jeremy (ed.). *The Routledge Companion to Tranlation Studies* [C]. London & New York: Routledge, 2009.

[61] Nantel, Jacques & Evelyne Glaser. The Impact of Language and Culture on Perceived Website Usability [J]. *Journal of Engineering and Technology Management*, Vol. 25, 2008: 112-122.

[62] Nielsen, J. Why You Only Need to Test with 5 Users. [Z]. *Alertbox*. http://www.nngroup.com/articles/why-you-only-need-to-test-with-5-users/ on Nov. 7 2013.

[63] Nida, Eugene A. & Charles R. Taber. *The Theory and Practice of Translation* [M]. Leiden: E. J. Brill, 1969.

[64] Nord, Christiane. *Translating as a Purposeful Activity*: *Functionalist Approaches Explained* [M]. Shanghai: Shanghai Foreign Language Education Press, 2001.

[65] Northcut, Kathryn M. & Eva R. Brumberger. Resisting the Lure of Technology-Driven Design: Pedagogical Approaches to Visual Communication [J]. *Journal of Technical Writing and Communication*, Vol. 40, No. 4, 2010: 459-471.

[66] Nyberg, Eric. Teruko Mitamura, Willem-Olaf Huijsen. Controlled Language for Authoring and Translation [A]. In Harold Somers (eds.) . *Computers and Translation*: *A Translator's Guide* [C]. Amsterdam and Philadelphia: John Benjamins Publishing Company, 2003: 245-282.

[67] O'Brien, Sharon. Practical Experience of Computer-Aided Translation Tools in the Software Localization Industry [A]. In Lynne Bowker et al. (eds.) . *Unity in Diversity? Current Trends in Translation Studies* [C]. Shanghai: Foreign Languages Teaching and Research Press, 1998: 115-122.

[68] O'Hagan Minako & David Ashworth. *Translation-Mediated Communication in a Digital World*: *Facing the Challenges of Globalization and Localization* [M]. Clevedon: Multilingual Matters, 2002.

[69] Pym, Anthony. Localization and the Training of Linguistic Mediators for the Third Milllennium [R]. In Proceedings of "The Challenges of Translation & Interpretation in the Third Millennium", Zouk Mosbeh, Lebanon, [2002-05-17].

[70] Pym, Anthony. *The Moving Text*: *Localization, Translation and Distribution* [M]. Amsterdam and Philadelphia: John Benjamins, 2004.

[71] Pym, Anthony. Alexander Perekrestenko, Bram Starin (eds.). *Translation Technology and Its Teaching* [C]. Tarragona: Intercultural

Studies Group, 2006.

[72] Pym, Anthony. *Exploring Translation Theories* [M]. London and New York: Routledge, 2010.

[73] Quesenberg, Whitney. The Five Dimensions of Usability [A]. In Michael J. Albers and Beth Mazur (eds.). *Content and Complexity: Information Design in Technical Communication* [C]. Mahwah and London: Lawrence Erlbaum Associates, 2003.

[74] Redish, Janice C. What Is Information Design? [J]. *Technical Communication*, Vol. 47, No. 2, 2000: 163-166.

[75] Risku, Hanna. Migrating from Translation to Technical Communication and Usability [A]. In Gyde Hansen, Kirsten Malmkjær, Daniel Gile (eds.). *Claims, Changes and Challenges in Translation Studies* [C]. Amsterdam and Philadelphia: John Benjamins Publishing Company, 2004: 181-195.

[76] Rubin, Jeffrey & Dana Chisenell. *Handbook of Usability Testing: How to Plan, Design, and Conduct Effective Tests* [M]. Indianapolis: Wiley Publishing, 2008.

[77] Ruparelia, Nimisha. Lesley White, Kate Hughes. Drivers of Brand Trust in Internet Retailing [J]. *Journal of Product & Brand Management*, Vol. 19, No. 4, 2010: 250-260.

[78] Ryan, Lorcan. Dimitra Anastasiou, Yvonne Cleary. Using Content Development Guidelines to Reduce the Cost of Localising Digital Content [J]. *Localisation Focus*, Vol. 8, No. 1, 2009: 11-28.

[79] Salvo, Michael J. Teaching Information Architecture: Technical Communication in a Postmodern Context [A]. In Carol Lipson and Michael Day (eds.). *Technical Communication and the World Wide Web* [C]. Mahwah and London: Lawrence Erlbaum Associates, 2005: 61-80.

[80] Sandrini, Peter. Website Localization and Translation [EB/OL]. *MuTra*

2005—*Challenges of Multidimensional Translation*: *Conference Proceedings*, 2005. www. euroconferences. info/proceedings/2005 _ Proceedings/2005 _ Sandrini_Peter. pdf.

[81]Schäffner, Christina (ed.). *Translation and Quality* [C]. Clevedon: Multilingual Matters, 1998.

[82]Schellens, Peter Jan & Menno De Jong. Revision of Public Information Brochures on the Basis of Reader Feedback [J]. *Journal of Business and Technical Communication*, Vol. 11, No. 4, 1997: 483-501.

[83]Schriver, Karen A. Evaluating Text Quality: The Continuum from Text-Focused to Reader-Focused Methods [J]. *IEEE Transactions on Professional Communication*, Vol. 32, No. 4, 1989: 238-255.

[84]Schriver, Karen A. Teaching Writers to Anticipate Readers' Needs: A Classroom-Evaluated Pedagogy [J]. *Written Communication*, Vol. 9, No. 2, 1992: 179-208.

[85] Schriver, Karen A. *Dynamics of Document Design* [M]. New York: John Wiley & Sons, 1997.

[86]Séguinot, Candace. Technical Writing and Translation: Changing with the Times [J]. *Journal of Technical Writing and Communication*, Vol. 24, No. 3, 1994: 285-292.

[87]Singh, Nitish, Olivier Furrer & Massimiliano Ostinelli. To Localize or to Standardize on the Web: Empirical Evidence from Italy, India, Netherlands, Spain, and Switzerland [J]. *The Multinational Business Review*, Vol. 12, No. 1, 2004: 69-87.

[88]Singh, Nitish & Hisako Matsuo. Measuring Cultural Adaptation on the Web: A Content Analytic Study of U. S. and Japanese Web Sites [J]. *Journal of Business Research*, Vol. 57, 2004: 864-872.

[89]Singh, Nitish & Arun Pereira. *The Culturally Customized Website*: *Customizing the Web Sites for the Global Marketplace* [M]. Burlington:

Elsevier, 2005.

[90] Singh, Nitish. Georg Fassott, Mike C. H. Chao, et al. Understanding International Web Site Usage: A Cross-National Study of German, Brazilian, and Taiwanese Online Consumers [J]. *International Marketing Review*, Vol. 23, No. 1, 2006a: 83-97.

[91] Singh, Nitish. Georg Fassott, Hongxin Zhao, et al. A Cross-Cultural Analysis of German, Chinese and Indian Consumers' Perception of Web Site Adaptation [J]. *Journal of Consumer Behaviour*, 2006b: 56-68.

[92] Singh, Nitish. D. Toy, and L. Wright. A Diagnostic Framework for Measuring Web Site Localization[J]. *Thunderbird International Business Review*, Vol. 51, No. 3, 2009: 281-295.

[93] Sinkovics, Rudolf R. Mo Yamin, Matthias Hossinger. Cultural Adaptation in Cross Border E-Commerce: A Study of German Companies [J]. *Journal of Electronic Commerce Research*, Vol. 8, No. 4, 2007: 221-235.

[94] Shuttleworth, Mark & Moira Cowie. *Dictionary of Translation Studies* [M]. Shanghai: Shanghai Foreign Languages Education Press, 2004.

[95] Song, Jae Jung. Book Review: "The Moving Text" [J]. *Babel*, Vol. 52, No. 1, 2006: 86-93.

[96] Snell-Hornby, Mary. Some Concluding Comments on the Responses [A]. In Christina Schäffner (ed.). *Translation in the Global Village* [C]. 2000: 69-72.

[97] Sperber, Dan & Deirdre Wilson. *Relevance: Communication and Cognition* [M]. Oxford: Blackwell, 1986.

[98] Sprung, Robert C. & Simone Jaroniec (eds.). *Translating into Success: Cutting-Edge Strategies for Going Multilingual in a Global Age* [C].

Amsterdam and Philadelphia: John Benjamins, 2000.

[99] Stecconi, Ubaldo. Five Reasons Why Semiotics Is Good for Translation Studies [A]. In Yves Gambier, Miriam Shlesinger, Radegundis Stolze (eds.). *Doubts and Directions in Translation Studies: Selected Contributions from the EST Congress, Lisbon* 2004 [C]. Amsterdam and Philadelphia: John Benjamins, 2007: 15-26.

[100] Tiefenbacher-Hudson, Christa. The Intersection of Translating and Advertising [J]. *Multilingual*, October/November, 2006: 1-4.

[101] U. S. Department of Health and Human Services. *Research-Based Web Design & Usability Design* [M]. 2nd ed. Washington: [s. n.], 2006.

[102] Verhagen, Tibert. Jaap Boter, Thomas Adelaar. The Effect of Product Type on Consumer Preferences for Website Content Elements: An Empirical Study [J]. *Journal of Computer-Mediated Communication*, Vol. 16, 2010: 139-170.

[103] Virzi, R. A. Streamlining the Design Process: Running Fewer Subjects [A]. *Proceedings of the Human Factors Society Annual Meeting: Vol. 34, No. 4* [C]. Orlando, FL, 1990: 291-294.

[104] Virzi, R. A. Refining the Test Phase of Usability Evaluation: How Many Subjects Is Enough? [J]. *Human Factors*, Vol. 34, No. 4, 1992: 457-468.

[105] Vyncke, Femke & Malaika Brengman. Are Culturally Congruent Websites More Effective? An Overview of a Decade of Empirical Evidence [J]. *Journal of Electronic Commerce Research*, Vol. 11, No. 1, 2010: 14-29.

[106] Walmer, Daphne. One Company's Efforts to Improve Translation and Localization [J]. *Technical Communication*, Vol. 46, No. 2, 1999: 230-237.

[107] Warden, Clyde A. , Mengkuan Lai, Wann-Yih Wu. How Worldwide

Is Marketing Communication on the World Wide Web [J]. *Journal of Advertising Research*, Vol. 42, No. 5, 2002: 72-84.

[108] Weissbrod, Rachel. From Translation to Transfer [J]. *Across Languages and Cultures*, Vol. 5, No. 1, 2004: 23-41.

[109] Westley, Bruce H. & Malcolm S. Maclean. A Conceptual Model for Communications Research [A]. In Paul Cobley (ed.). *Communication Theories: Critical Concepts in Media and Cultural Studies* [C]. Vol. 1. London and New York: Routledge, 2006: 154-163.

[110] Williams, Lawrence. Navigating and Interpreting Hypertext in French: New Literacies and New Challenges [A]. In Lee B. Abraham, Lawrence Williams (eds.). *Electronic Discourse in Language Learning and Language Teaching* [C]. Amsterdam and Philadelphia: John Benjamins, 2009: 43-64.

[111] Wright, David. Implicature, Pragmatics and Documentation: A Comparative Study [J]. *Journal of Technical Writing and Communication*, Vol. 38, No. 1, 2008: 27-51.

[112] Woodward-Smith, Elizabeth & Ekaterina Eynullaeva. A Cross-Cultural Study of the Translation and Adaptation of Advertisements for Beauty Products [J]. *Perspectives: Studies in Translatology*, Vol. 17, No. 2, 2009: 121-136.

[113] Yalcin, Serkan. Nitish Singh, Yogesh K. Dwivedi, et al. Culture and Localization on the Web: Evidence from Multinationals in Russia and Turkey [J]. *Journal of Electronic Commerce Research*, Vol. 12, No. 1, 2011: 94-114.

[114] 崔启亮,胡一鸣. 翻译与本地化工程技术实践[M]. 北京：北京大学出版社, 2011.

[115] 褚东伟. 商业翻译导论[M]. 武汉：湖北教育出版社, 2002.

[116] 郭庆光. 传播学教程[M]. 北京：人民大学出版社, 1999.

[117]郭晓勇. 中国语言服务行业发展状况、问题及对策[J]. 中国翻译，2010(6)：34-37.

[118]韩清月，邢彬彬. 浅析图片说明的英译[J]. 中国翻译，2010(3)：58-62.

[119]胡壮麟. 社会符号学研究中的多模态化[J]. 语言教学与研究，2007(1)：1-10.

[120]蒋学清. 广告语在跨文化翻译中的社会语用失误——基于马斯洛模型的跨文化研究范式[J]. 传播艺术与艺术传播，2010(9)：75-78.

[121]吕俊. 翻译学——传播学的一个特殊领域[J]. 外国语，1997(2)：39-44.

[122]吕俊，侯向群. 英汉翻译教程[M]. 上海：上海外语教育出版社，2001.

[123]苗菊，朱琳. 本地化与本地化翻译人才的培养[J]. 中国翻译，2008(5)：30-34.

[124]苗菊，高乾. 构建 MTI 教育特色课程——技术写作的理念与内容[J]. 中国翻译，2010(2)：35-38.

[125]邵培仁. 传播学[M]. 北京：高等教育出版社，2000.

[126]王传英，崔启亮. 本地化行业发展对职业翻译训练及执业认证的要求[J]. 中国翻译，2010(4)：76-79.

[127]王传英，王丹. 技术写作与职业翻译人才培养[J]. 解放军外国语学院学报，2011(2)：69-73.

[128]王华伟，崔启亮. 软件本地化：本地化行业透视与实务指南[M]. 北京：电子工业出版社，2005.

[129]王雪明. "正能量"与 Positive Energy 的名与实[J]. 中国翻译，2013(4)：113-114.

[130]徐彬，郭红梅，国晓立. 21 世纪的计算机辅助翻译工具[J]. 山东外语教学，2007(4)：79-86.

［131］杨颖波，王华伟，崔启亮．本地化与翻译导论［M］．北京：北京大学出版社，2011.

［132］叶起昌．超文本多语式的社会符号学分析［J］．外语教学与研究，2006（6）：437-442.

［133］张德禄．多模态话语分析综合理论框架探索［J］．中国外语，2009（1）：24-30.

［134］张国良．传播学原理［M］．上海：复旦大学出版社，1995.

［135］张国良．现代大众传播学［M］．成都：四川人民出版社，1998.

［136］张莹，柴明颎．GILT 本地化产业与翻译研究新动向［J］．中国翻译，2011（3）：77-80.

［137］朱永生．多模态话语分析的理论基础与研究方法［J］．外语学刊，2007（5）：82-86.

附　　录

附录一　测 试 说 明

大家好，欢迎参加本次 SDL MultiTerm 2011 Convert 帮助手册的可用性测试。

测试目的：测试该帮助与向导的实际使用效果。

测试方法：有声思维

测试步骤：

1. 试着朗读一段帮助手册，练习并适应有声思维。

2. 明确本次测试任务，带着任务阅读和查找帮助手册中**与任务相关的软件操作**。

3. 朗读帮助手册，同时在读出**每句话**后及时说出**任何**有关所读内容的想法，无需组织语言，但要尽量说全想法，以便测试者了解你实际的思维活动。

4. 实际操作软件，完成预定任务。操作时也需要朗读软件界面上的每一句操作步骤，进行有声思维。

5. 任务完成后，自我评价操作结果，解释完成任务的方法，并评价帮助手册，提出建议。

注意：操作中遇到问题，可以再次查看帮助，但不能询问测试人员，除非硬件或软件出现故障。此外，操作过程中请不要关闭屏幕记录仪。

测试任务：

1. 建立术语表。

使用 Microsoft Excel 2003 软件建立一个术语表，在表中输入以下三个英中对照的术语，并把该表保存到桌面：

Cable News Network　　　美国有线新闻网

Communist Party of China　中国共产党

United Nations　　　　　　联合国

2. 转换术语表的格式。

使用 SDL MultiTerm 2011 中的 SDL MultiTerm 2011 Convert 把该术语表转换为 mtf（即 MTF. XML）格式的术语表，并保存到桌面上。

附录二　SDL MultiTerm Convert 中文和英文帮助

You are here：Home > SDL MultiTerm Convert > 关于 SDL Multi Term Convert

关于 SDL MultiTerm Convert

SDL MultiTerm Convert 是一个可让您将术语数据转换为 MultiTerm XML 格式（MTF. XML）的向导。它可以转换单个输入文件，并生成术语库定义文件(XDT 文件)以及 MTF. XML 文件。转换数据后，您可以将其导入 MultiTerm 中。

处理的数据格式

您可以将以下任一数据格式的文件转换为 MTF. XML 格式：

- **MultiTerm 5**(MTW 文件)。
- **OLIF XML**(开放式词典交换格式)。
- **SDL Termbase Desktop**(TDB 文件)。
- **SDL Termbase Online**(MDB 文件)。
- **电子表格和数据库交换**。这些文件可以是制表符分隔文本文件(TXT 文件)或 CSV 文件。
- **Microsoft Excel**(XLS 文件)。您的计算机上必须安装 Microsoft Excel 才可转换此类型的文件。MultiTerm Convert 直接支持 Excel 2002/3。对于较高版本和 Excel (XP)，文件应保存为 *.xls 或 *.csv 格式以便转换。Excel 97 和 Excel 2000 的用户必须准备用于转换的文件。
- **TermBase eXchange 格式**(TBX 文件)。

◎ 相关主题

SDL MultiTerm Convert 输出文件

161

准备用于转换的文件

转换文件

如果您已按联机帮助中的步骤操作，但仍有问题，请通过以下网址联系 SDL 支持人员：

http：//www. sdl. com/en/language-technology/support/。

You are here: MultiTerm > SDL MultiTerm Convert

About SDL MultiTerm Convert

SDL MultiTerm Convert is a wizard that enables you to convert terminology data to MultiTerm XML format (MTF. XML). It converts a single input file and produces a termbase definition file (XDT file) as well as the MTF. XML file. After you have converted your data, you can Import it into MultiTerm.

Data Formats Handled

You can convert files in any of the following data formats to MTF. XML format:

- **MultiTerm 5** (MTW files).
- **OLIF XML** (Open Lexicon Interchange Format).
- **SDL Termbase Desktop** (TDB files).
- **SDL Termbase Online** (MDB files)
- **Spreadsheet and database exchange**. These files can be either tab-delimited text files (TXT files) or CSV files.
- **Microsoft Excel** (XLS files). You must have Microsoft Excel installed on your computer to convert a file of this type. MultiTerm Convert directly supports Excel 2002/3. With later versions and Excel (XP), files should be saved in *. xls or *. csv format for conversion. Users of Excel 97 and Excel 2000 must prepare their files for conversion.
- **TermBase eXchange format** (TBX files).

◎ Related Topics

SDL MultiTerm Convert Output Files

Preparing your Files for Conversion

Converting Files

If you have followed the steps in the online help and continue to have problems, contact SDL support athttp://www.sdl.com/en/language-technology/support/.

If you have feedback on the documentation itself, contact: techcomms @ sdl. com.

Topic: About SDL MultiTerm Convert Published: 6-Dec-2011

You are here：Home > SDL MultiTerm Convert > 准备用于转换的文件

准备用于转换的文件

将术语数据导入至现有术语库时，请确保条目结构完全相同。

文件类型	详　　情
Multi Term 5	确保已在操作系统级安装了对 MultiTerm 数据库文件中所有非西方语言的语言支持。否则，SDL MultiTerm Convert 将无法正确转换这些语言字段。 若 MultiTerm 5 文件（MTW）包含图形，则这些图形必须位于 ∗.mtw 数据库文件所在的相同文件夹中，因为 MultiTerm 5 术语库设置中指定的路径将不予使用。 程序可处理以下格式的图形： ● BMP ● GIF ● JPG ● PNG ● WMF 如有受 SDL MultiTerm 5 支持的其他格式图形，您应将其转换为上述格式之一。
SDL 术语库文件	确保已在操作系统级安装了对 MultiTerm 数据库文件中所有非西方语言的语言支持。否则，SDL MultiTerm Convert 将无法正确转换这些语言字段。
Microsoft Excel	SDL MultiTerm 直接支持 Microsoft Excel 2002/3。 更高版本和 Excel（XP）的用户必须按以下步骤准备用于转换的文件： 1. 将术语数据另存为逗号分隔值文件（CSV）或 XLS 文件。 2. 使用 SDL MultiTerm Convert 来转换文件。

续表

文件类型	详　情
	Microsoft Excel 97 和 Microsoft Excel 2000 的用户必须按以下步骤准备用于转换的文件： 1. 将 Microsoft Excel 97 中的术语数据另存为制表符分隔文件（TXT）。 2. 用 Unicode 文本编辑器打开 TXT 文件，并将其另存为 UTF-8。 Microsoft Excel 文件（XLS）必须符合以下前提条件： • 所有数据都必须位于工作簿的第一个工作表上。 • 文件首行必须包含各列标题字段中的信息。 • 若文件中含数据的列之间存在空列，则转换过程将在空列停止。 若要将术语数据导入现有术语库中，而不是创建一个新术语库，请确保各列的标题字段含有与 SDL MultiTerm 术语库中对应字段相同的标签。
电子表格或数据库	转换 TXT 或 CSV 文件之前，文件首行必须包含各列标题字段中的信息，且文件须为 UTF-8 格式。 若要将文件保存为 UTF-8 格式，请用支持 Unicode 的文本编辑器打开文件，并将其保存为 UTF-8 文本格式，如 Microsoft Notepad。
OLIF XML 或 TBX	SDL MultiTerm Convert 将按文件的本机格式进行处理。

相关主题

关于 SDL MultiTerm Convert

SDL MultiTerm Convert 输出文件

转换文件

如果您已按联机帮助中的步骤操作，但仍有问题，请通过以下网址联系 SDL 支持人员：

http：//www.sdl.com/en/language-technology/support/。

如果您对文档有反馈意见，请联系：techcomms@sdl.com。

主题：准备用于转换的文件 发布日期：23-Jan-2012

You are here: MultiTerm > SDL MultiTerm Convert > Preparing your Files for Conversion

Preparing your Files for Conversion

If you are importing terminology data into an existing termbase, make sure that the entry structures are identical.

File Type	Details
Multi Term 5	Make sure that language support for all non-Western languages that are included in the MultiTerm database file is installed on operating system level. If not, SDL MultiTerm Convert will not convert these language fields correctly. If your MultiTerm 5 file (MTW) contains graphics, these graphics must be located in the same folder as the * . mtw database file as the path specified in the MultiTerm 5 termbase setup will not be used. Graphics in the following formats can be processed: • BMP • GIF • JPG • PNG • WMF If you have graphics in other formats that were supported by SDL MultiTerm 5, you should convert them to one of these formats.
SDL termbase files	Make sure that language support for all non-Western languages that are included in the MultiTerm database file is installed on operating system level. If not, SDL MultiTerm Convert will not convert these language fields correctly.

File Type	Details
Microsoft Excel	SDL MultiTerm directly supports Microsoft Excel 2002/3. Users of later versions and Excel (XP) must prepare their files for conversion as follows: 1. Save the terminology data as a comma separated values file (CSV) or an XLS file. 2. Convert the file using SDL MultiTerm Convert. Users of Microsoft Excel 97 and Microsoft Excel 2000 must prepare their files for conversion as follows: 1. Save the terminology data as a tab-delimited file (TXT) from within Microsoft Excel 97. 2. Open the TXT file in a Unicode text editor, and save it as UTF-8. Your Microsoft Excel file (XLS) must comply with the following preconditions: ● All data must be located on the first sheet in the book. ● The first row or line in the file must contain the information from the header field of each column. ● If the file contains an empty column between columns that contain data, the conversion process will stop at the empty column. If you plan to import the terminology data into an existing termbase rather than creating a new termbase, make sure that the header field of each column has the same label as the corresponding field in the SDL MultiTerm termbase.
Spreadsheet or Database	Before you can convert your TXT or CSV file, the first row or line in the file must contain the information from the header field of each column and it must be in UTF-8 format. To save your file to UTF-8 format, open the file in a Unicode-enabled text editor and save it in UTF-8 text format, for example Microsoft Notepad.

续表

File Type	Details
OLIF XML or TBX	SDL MultiTerm Convert will handle the files in their native format.

Related Topics

About SDL MultiTerm Convert

SDL MultiTerm Convert Output Files

Converting Files

If you have followed the steps in the online help and continue to have problems, contact SDL support athttp: //www. sdl. com/en/language-technology/support/.

If you have feedback on the documentation itself, contact: techcomms @ sdl. com.

Topic: Preparing your Files for Conversion Published: 6-Dec-2011

You are here：Home > SDL MultiTerm Convert > 转换文件

转换文件

开始之前，您必须准备用于转换的文件。请参阅准备用于转换的
文件。

1. 在 Windows 中单击**开始**按钮，然后选择**程序 > SDL > SDL
MultiTerm** 2011 **> SDL MultiTerm** 2011 **Convert**。

2. 载入或开始新转换。

3. 选择要转换的文件类型。

4. 选择要转换的文件。程序将自动生成输出文件。

5. 视您所选的选项而定，您将：

- 对于 MultiTerm 5 文件：

- 分配区域设置。请参阅分配区域设置。

- 自定义条目结构。请参阅自定义条目结构。仅在您选中**分配区
域设置**页面上的**自定义条目结构**选项时，此选项才可用。

- 修改字段标签。请参阅修改字段标签。仅在您选中**分配区域设
置**页面上的**自定义条目结构**选项时，此选项才可用。

- 对于数据库交换格式文件的电子表格：

- 指定数据的分隔方式。

- 指定列标题。指定列标题。

- 创建条目结构。请参阅创建条目结构。

- 对于 OLIF XML 文件：

- 指定数据的处理方式。请参阅指定处理选项：XML Convert。

- 指定字段类型。请参阅指定字段类型。

- 自定义条目结构。请参阅自定义条目结构。

6. 转换完成后，您需要将数据导入 SDL MultiTerm 中。

相关主题

关于 SDL MultiTerm Convert

SDL MultiTerm Convert 输出文件

准备用于转换的文件

如果您已按联机帮助中的步骤操作，但仍有问题，请通过以下网址
联系 SDL 支持人员：

http：//www. sdl. com/en/language-technology/support/。

如果您对文档有反馈意见，请联系：techcomms@ sdl. com。

主题：转换文件 发布日期：23-Jan-2012

You are here: MultiTerm > SDL MultiTerm Convert > Converting Files

Converting Files

Before you start, you must prepare the file for conversion. SeePreparing your Files for Conversion.

1. Click the **Start** button in Windows, and select **Programs > SDL > SDL MultiTerm 2011 > SDL MultiTerm 2011 Convert.**

2. Load or start a new conversion.

3. Choose the type of file to convert.

4. Choose the files to convert. The output files will be automatically generated.

5. Depending on the options you choose, you will then:

- For MultiTerm 5 files:
- Assign locales. SeeAssigning Locales.
- Customise the entry structure. SeeCustomizing the Entry Structure. This option is only available if you check the **Customize entry structure option** on the **Assign Locale** page.
- Modify field labels. See Modifying Field Labels. This option is only available if you check the **Customize entry structure option** on the **Assign Locale** page.
- For Spreadsheet of database exchange format files:
- Specify how data is delimited.
- Specify the column headers. Specify Column Header.
- Create the entry structure. SeeCreate Entry Structure.
- For OLIF XML files:
- Choose how data is processed. SeeSpecifying Processing Options: XML Convert.

- Specify field types. SeeSpecifying Field Types.

- Customise the entry structure. SeeCustomizing the Entry Structure.

6. Once the conversion is complete, you will need toImport the data into SDL MultiTerm.

Related Topics

About SDL MultiTerm Convert

SDL MultiTerm Convert Output Files

Preparing your Files for Conversion

If you have followed the steps in the online help and continue to have problems, contact SDL support athttp: //www. sdl. com/en/language-technology/support/.

If you have feedback on the documentation itself, contact: techcomms @ sdl. com.

附录三　SDL MultiTerm Convert 中文与英文向导界面

1/9

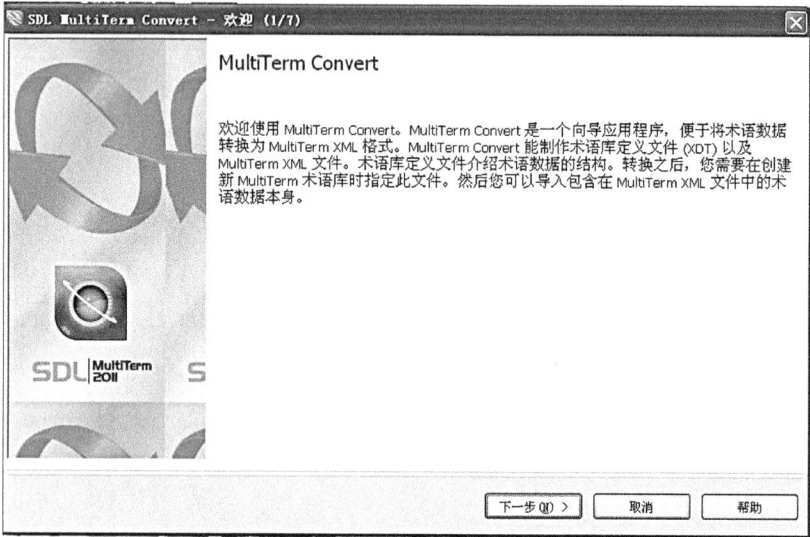

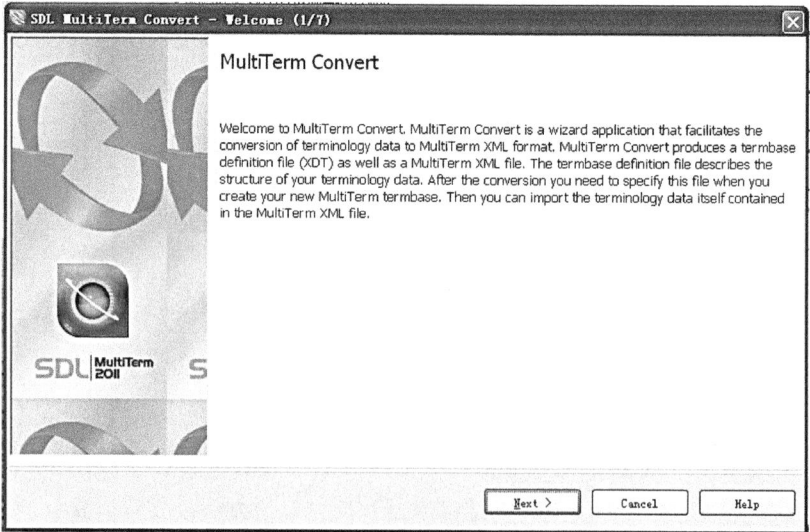

2/9

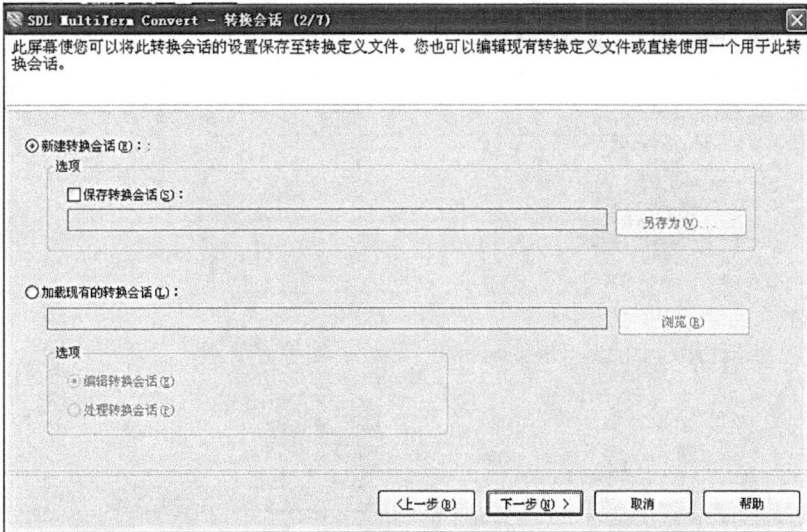

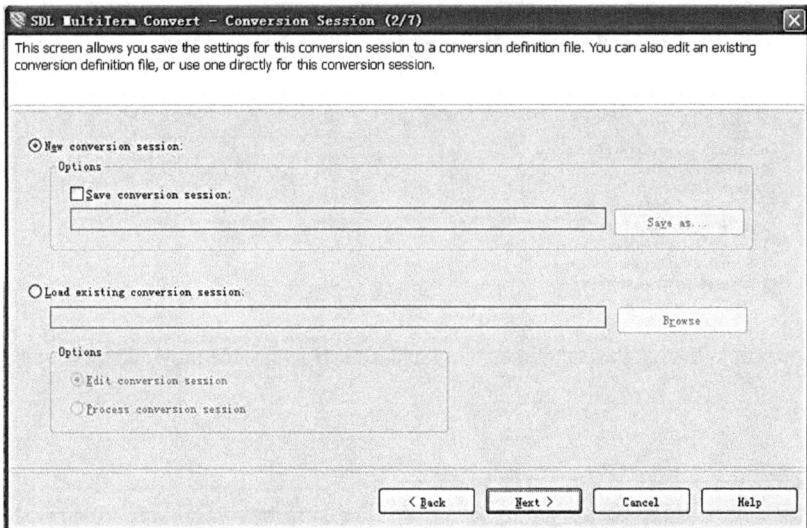

3/9

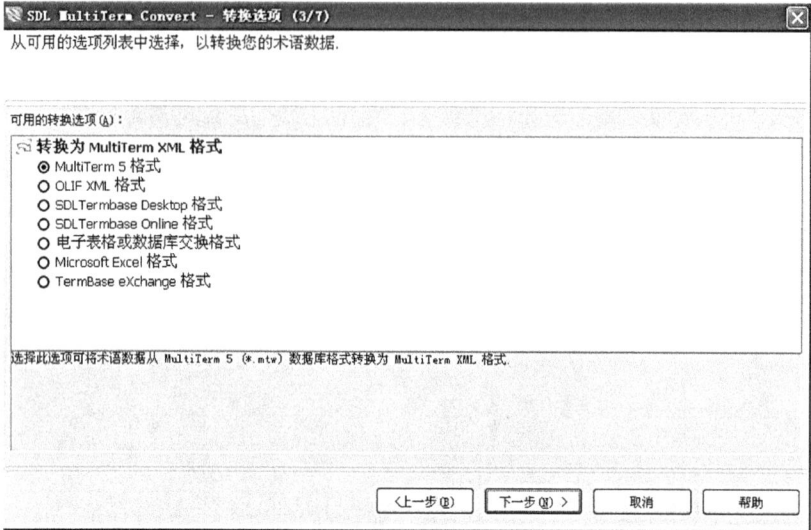

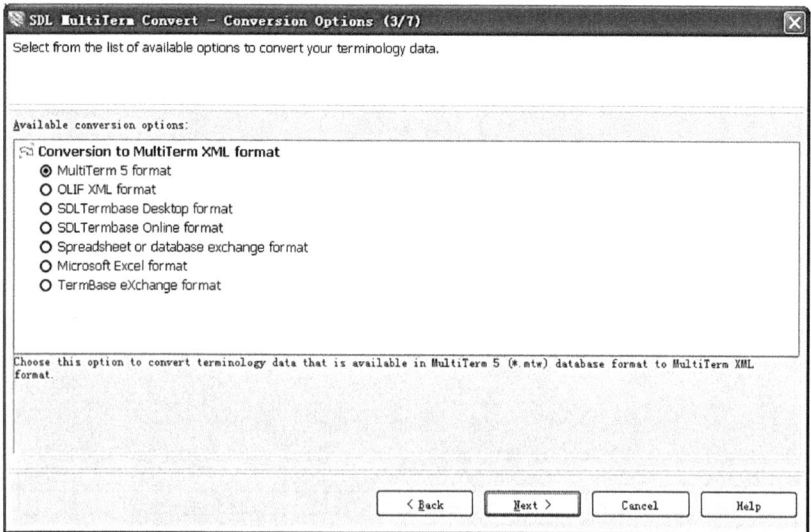

4/9

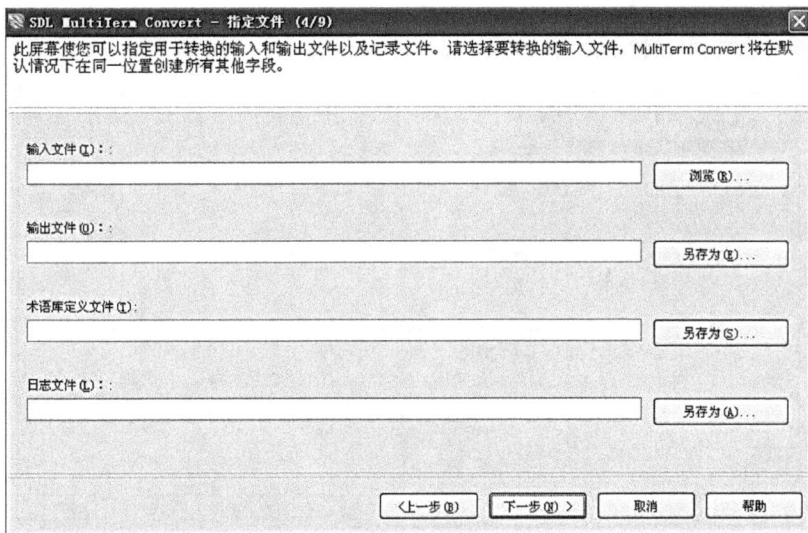

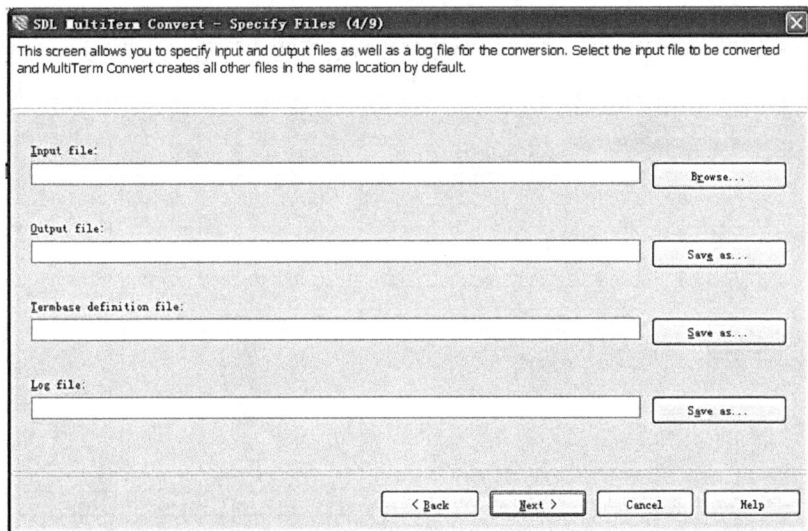

5/9

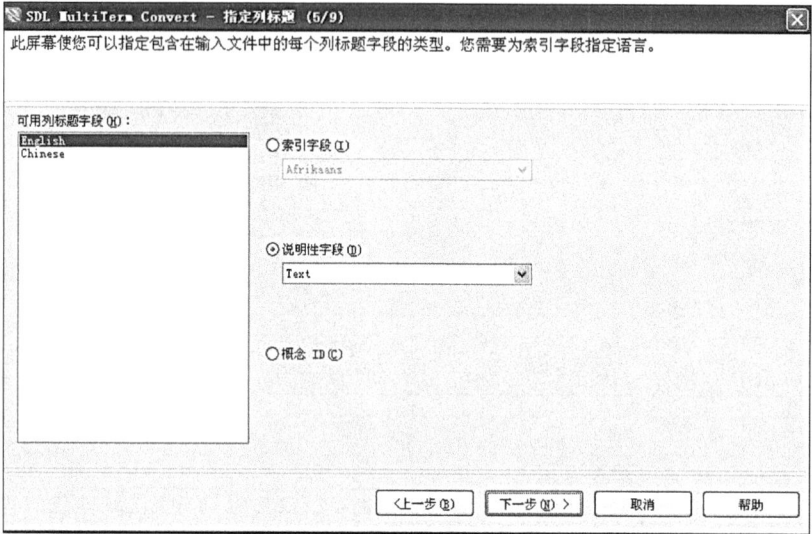

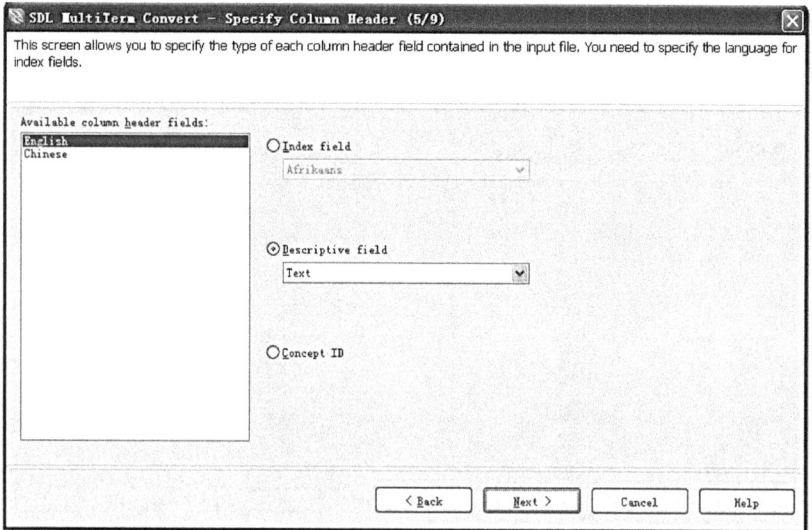

6/9

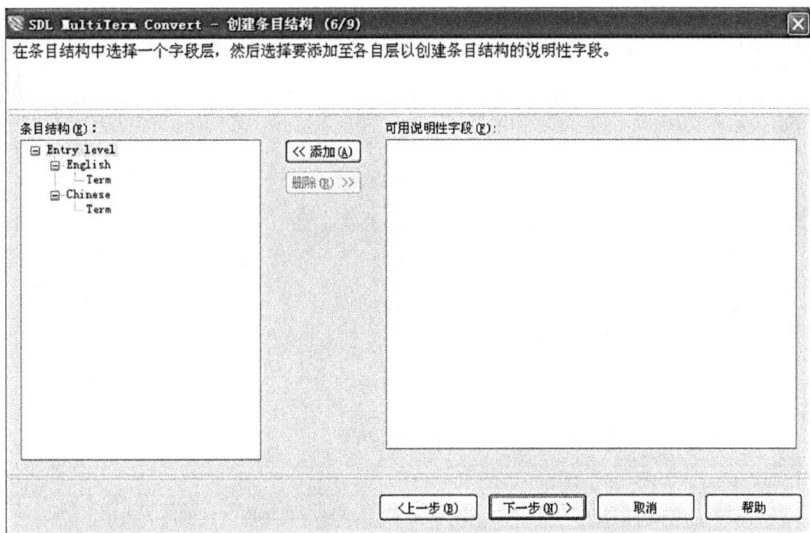

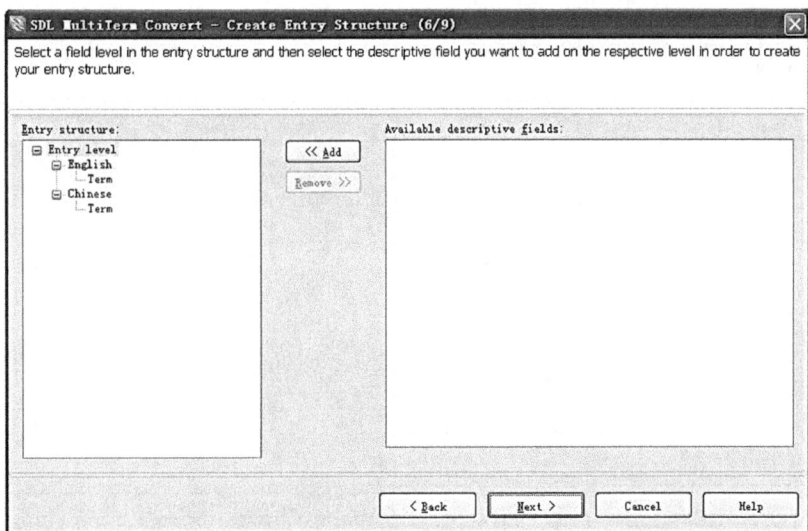

7/9

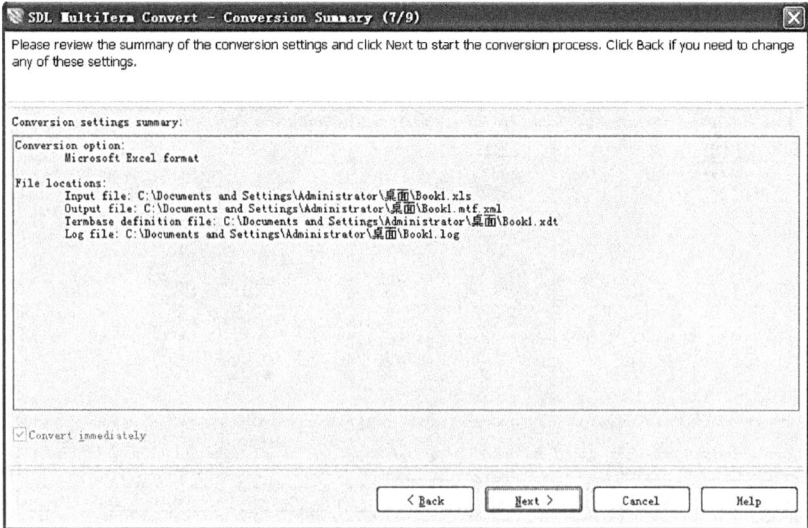

8/9

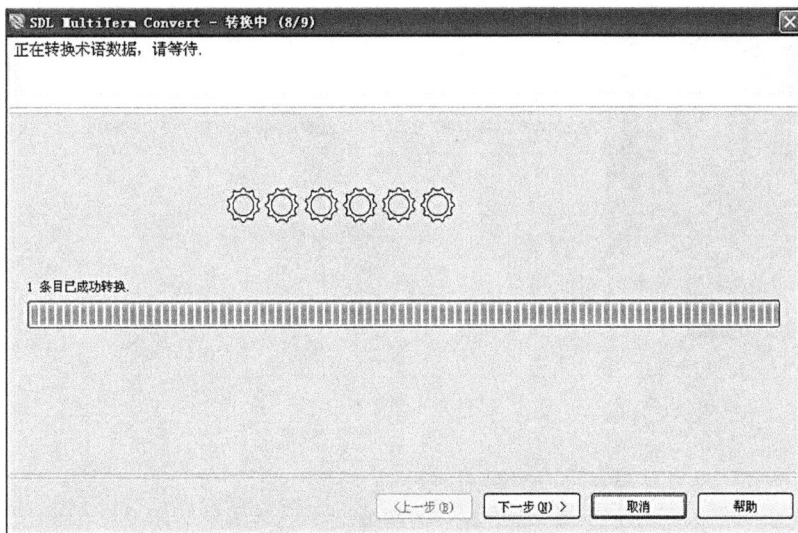

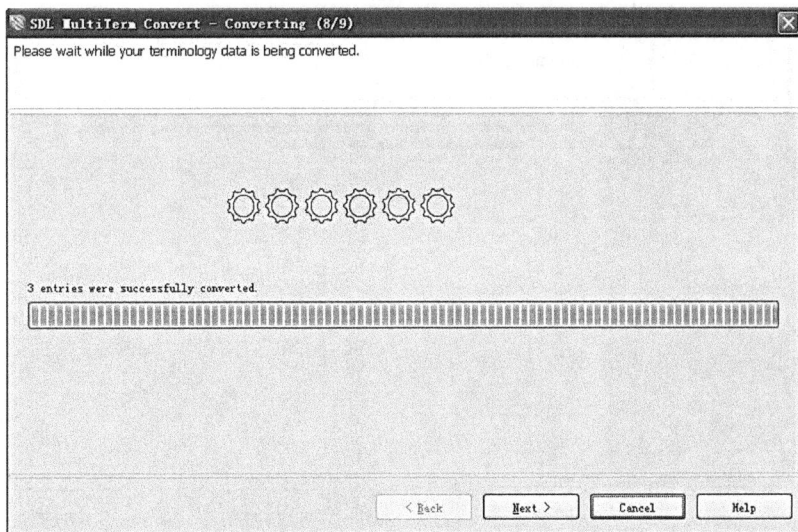

9/9

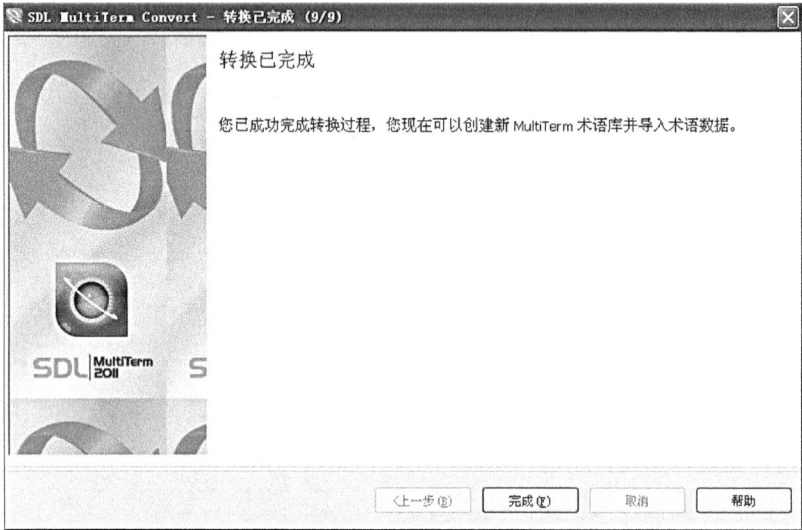

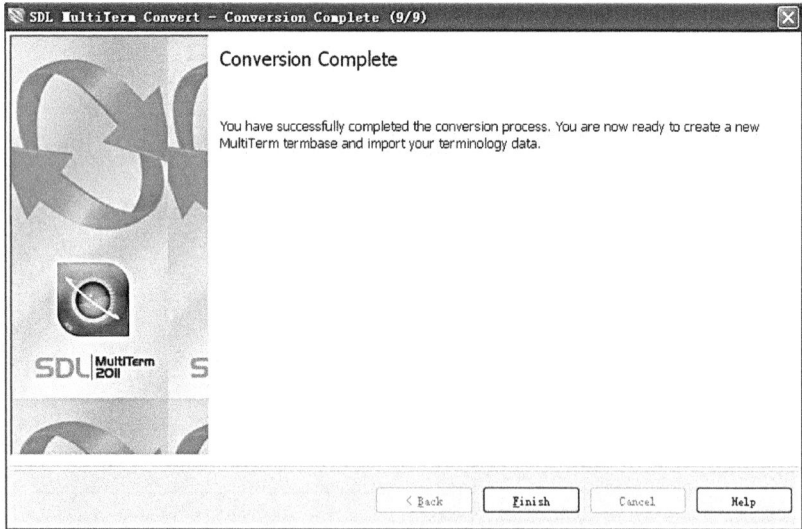

附录四 SDL MultiTerm Convert 中文帮助第一次修改

You are here：Home > SDL MultiTerm Convert > 关 于 SDL MultiTerm Convert

关于 SDL MultiTerm Convert

SDL MultiTerm Convert 是一个可让您将术语数据转换为 MultiTerm XML 格式（MTF. XML）的向导。它一次只能转换一个输入文件，生成 MTF. XML 文件和术语库定义文件（即 XDT 文件，随后会用于术语库 的创建）。转换数据后，您可以将其导入 MultiTerm 中。

处理的数据格式

您可以将以下任一数据格式的文件转换为 MTF. XML 格式：

- **Microsoft Excel**（XLS 文件）。

- **电子表格和数据库交换**。这些文件可以是制表符分隔文本文件 （TXT 文件）或 CSV 文件。

  - **MultiTerm 5**（MTW 文件）。
  - **OLIF XML**（开放式词典交换格式）。
  - **SDL Termbase Desktop**（TDB 文件）。
  - **SDL Termbase Online**（MDB 文件）。
  - **TermBase eXchange** 格式（TBX 文件）。

相关主题

SDL MultiTerm Convert 输出文件
准备用于转换的文件

转换文件

如果您已按联机帮助中的步骤操作，但仍有问题，请通过以下网址联系 SDL 支持人员：http：//www.sdl.com/en/language-technology/support/。

You are here：Home > SDL MultiTerm Convert > 准备用于转换的文件

准备用于转换的文件

转换之前，不同文件类型的术语数据必须符合以下不同条件，否则转换失败。

文件类型	详　情
Microsoft Excel	Microsoft Excel 文件（XLS）必须符合以下前提条件： ● 所有数据都必须位于工作簿的第一个工作表上。 ● 工作表的第一行必须包含各列语言的名称(又称标题字段)，如英中术语表的第一行 A 列必须输入"English"，B 列必须输入"Chinese"或"中文"工作表的第一行还可以根据需要输入其他列数据的类型，如 definition，context，note，graphic 等。 ● 表中数据之间不能存在空列，否则转换过程将在空列停止。 若要将术语数据导入现有术语库中，而不是创建一个新术语库，请确保各列的标题字段与现有术语库具有完全相同的标题字段。 SDL MultiTerm 直接支持 Microsoft Excel 2002/3。 更高版本和 Excel（XP）的用户必须按以下步骤准备用于转换的文件： 1. 将术语数据另存为逗号分隔值文件（CSV）或 XLS 文件。 2. 使用 SDL MultiTerm Convert 来转换文件。
	Microsoft Excel 97 和 Microsoft Excel 2000 的用户必须按以下步骤准备用于转换的文件： 1. 将 Microsoft Excel 97 中的术语数据另存为制表符分隔文件（TXT）。 2. 用 Unicode 文本编辑器打开 TXT 文件，并将其另存为 UTF-8。

续表

文件类型	详　情
SDL 术语库文件	确保已在操作系统级安装了对 MultiTerm 数据库文件中所有非西方语言的语言支持。否则，SDL MultiTerm Convert 将无法正确转换这些语言字段。
Multi Term 5	确保已在操作系统级安装了对 MultiTerm 数据库文件中所有非西方语言的语言支持。否则，SDL MultiTerm Convert 将无法正确转换这些语言字段。 若 MultiTerm 5 文件（MTW）包含图形，则这些图形必须位于 *.mtw 数据库文件所在的相同文件夹中，因为 MultiTerm 5 术语库设置中指定的路径将不予使用。 程序可处理以下格式的图形： • BMP • GIF • JPG • PNG • WMF 如有受 SDL MultiTerm 5 支持的其他格式图形，您应将其转换为上述格式之一。
电子表格或数据库	转换 TXT 或 CSV 文件之前，文件首行必须包含各列标题字段中的信息，且文件须为 UTF-8 格式。 若要将文件保存为 UTF-8 格式，请用支持 Unicode 的文本编辑器打开文件，并将其保存为 UTF-8 文本格式，如 Microsoft Notepad。
OLIF XML 或 TBX	SDL MultiTerm Convert 将按文件的本机格式进行处理。

相关主题

关于 SDL MultiTerm Convert

SDL MultiTerm Convert 输出文件

转换文件

如果您已按联机帮助中的步骤操作，但仍有问题，请通过以下网址联系 SDL 支持人员：

http：//www.sdl.com/en/language-technology/support/。

如果您对文档有反馈意见，请联系：techcomms@sdl.com。

主题：准备用于转换的文件 发布日期：23-Jan-2012

You are here：Home > SDL MultiTerm Convert > 转换文件

转换文件

开始之前，您必须准备用于转换的文件。请参阅准备用于转换的文件。

1. 在 Windows 中单击**开始**按钮，然后选择 **程序** > **SDL** > **SDL MultiTerm 2011 > SDL MultiTerm 2011 Convert**。

2. 选择"新建转换会话"，单击"下一步"，设置此次转换，或者选择"加载现有的转换会话"，利用以往的转换设置。

3. 选择需要转换的文件类型。

4. 点击"浏览"，选择要转换的输入文件。程序将自动生成与它名称相同但格式不同的输出文件、术语库定义文件和日志文件，单击"下一步"。

5. 视您在第 3 步所选的文件类型而定，您将：

对于 Microsoft Excel 文件：

A. 指定列标题。设置**每一列**标题字段的类型(索引字段、说明性字段或概念 ID)。

如标题字段是术语语言的名称，则必须在"索引字段"的下拉菜单中选择具体的语言类型，例如：English(United States)，单击"下一步"；

如标题字段是术语定义，则在说明性字段下拉菜单中选择其属性，然后单击"下一步"。

　　B. 创建条目结构。如果需要转换的术语数据中有说明性字段，则需要设置其在术语条目结构中的位置。在右侧"可用说明性字段"框中选择该说明性字段，则可以把它添加到左侧术语条目结构的任一层级之中；如果没有，则单击"下一步"。

对于 MultiTerm 5 文件：

A. 分配区域设置。请参阅分配区域设置。

B. 自定义条目结构。请参阅自定义条目结构。仅在您选中**分配区域设置**页面上的**自定义条目结构**选项时，此选项才可用。

C. 修改字段标签。请参阅修改字段标签。仅在您选中**分配区域设置**页面上的**自定义条目结构**选项时，此选项才可用。

对于数据库交换格式文件的电子表格：

A. 指定数据的分隔方式。

B. 指定列标题。指定列标题。

C. 创建条目结构。请参阅创建条目结构。

对于 OLIF XML 文件：

A. 指定数据的处理方式。请参阅指定处理选项：XML Convert。

B. 指定字段类型。请参阅指定字段类型。

C. 自定义条目结构。请参阅自定义条目结构。

6. 转换完成后，您需要将数据导入 SDL MultiTerm 中。

相关主题

关于 SDL MultiTerm Convert

SDL MultiTerm Convert 输出文件

准备用于转换的文件

────────────────────────

如果您已按联机帮助中的步骤操作，但仍有问题，请通过以下网址联系 SDL 支持人员：

http：//www.sdl.com/en/language-technology/support/。

如果您对文档有反馈意见，请联系：techcomms@sdl.com。

主题：转换文件 发布日期：23-Jan-2012

附录五　SDL MultiTerm Convert 中文向导第一次修改

1/9

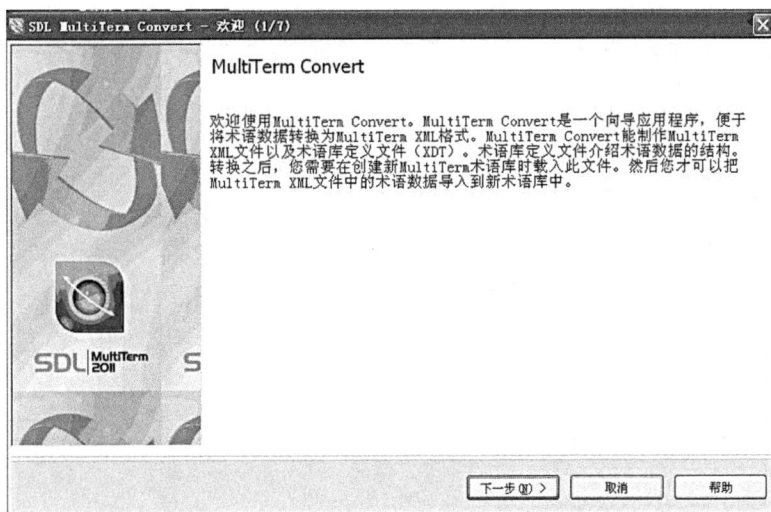

2/9

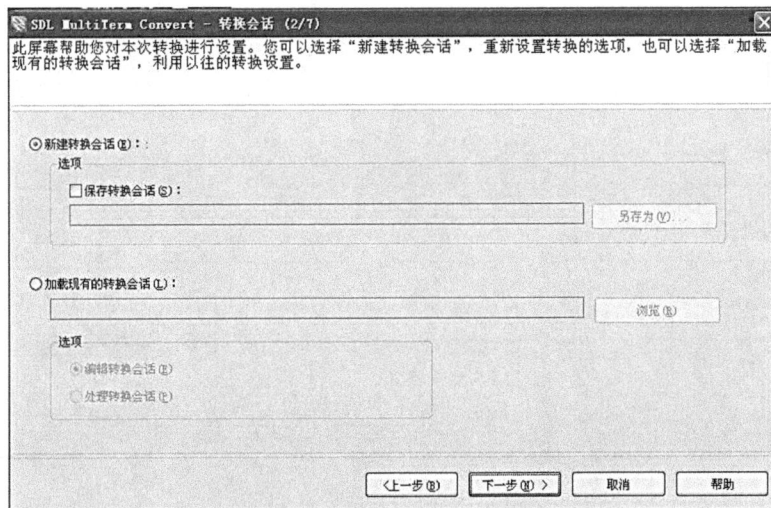

3/9

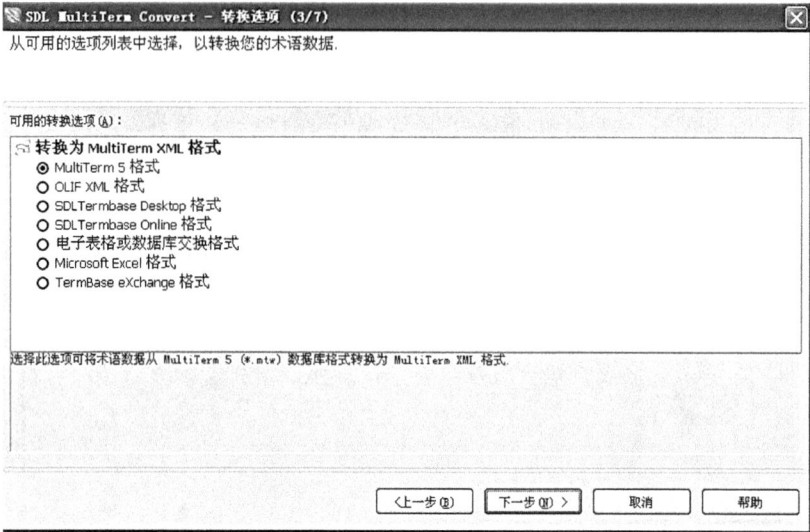

4/9

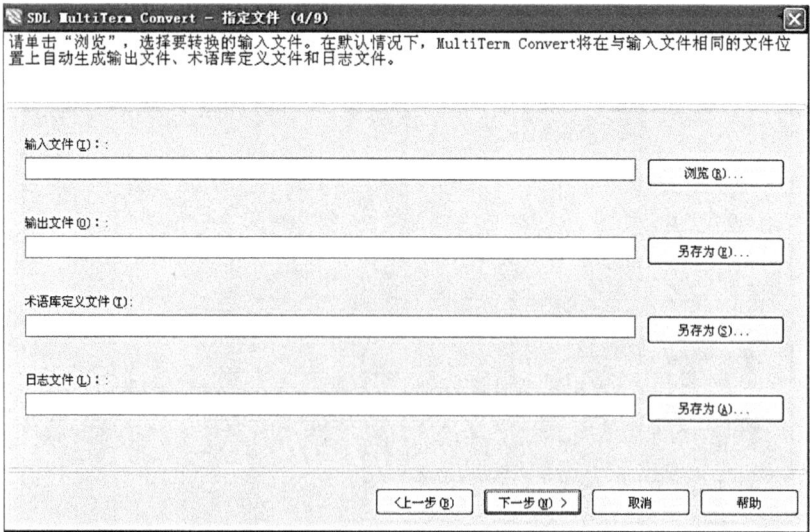

5/9

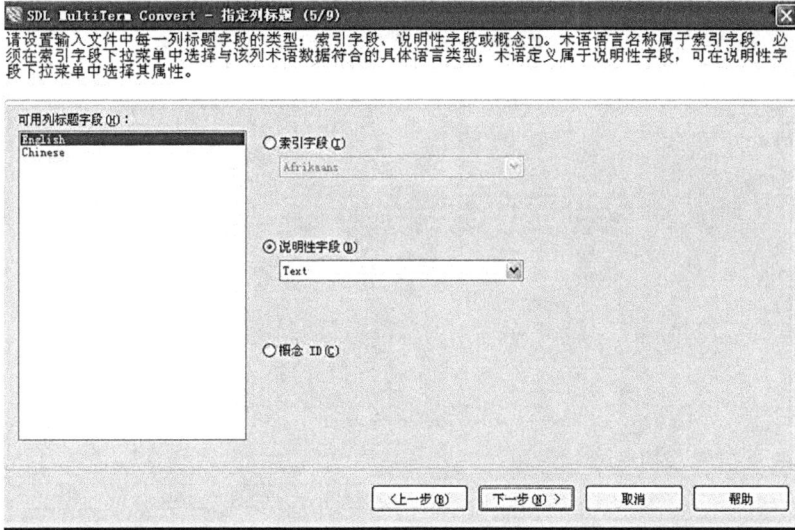

6/9

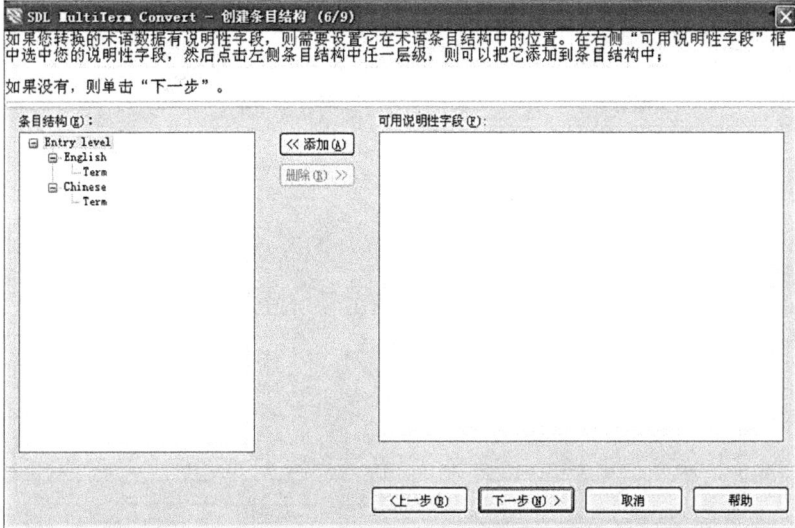

7/9

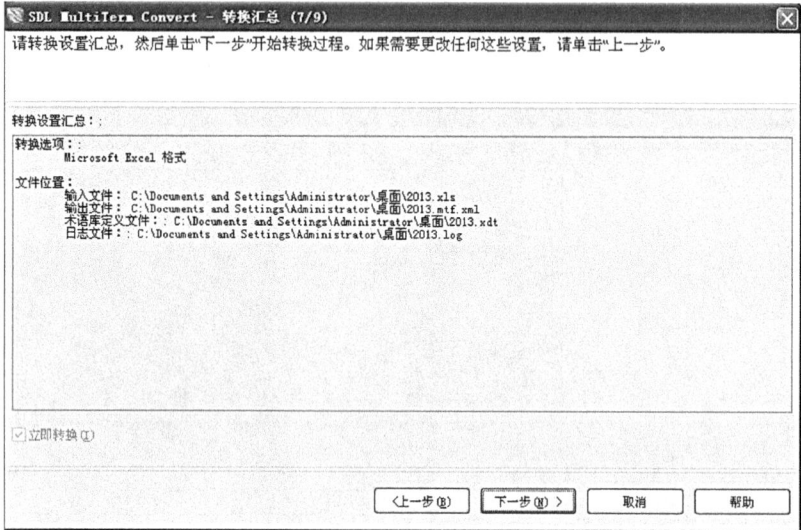

8/9

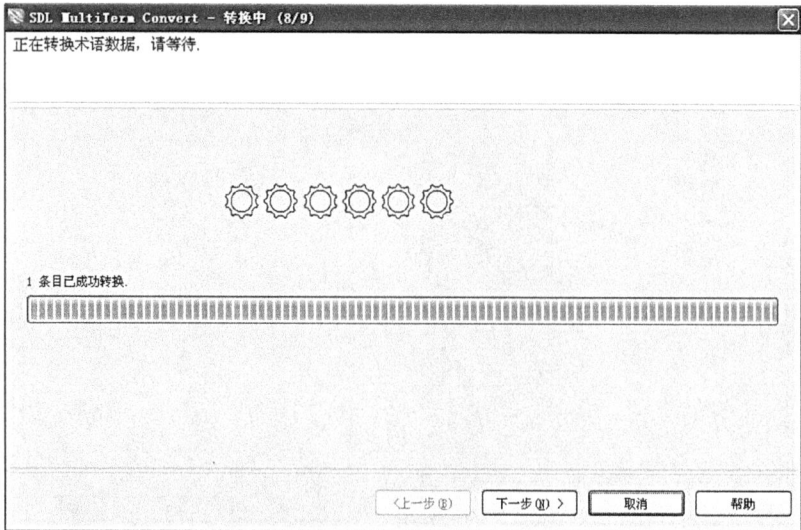

9/9

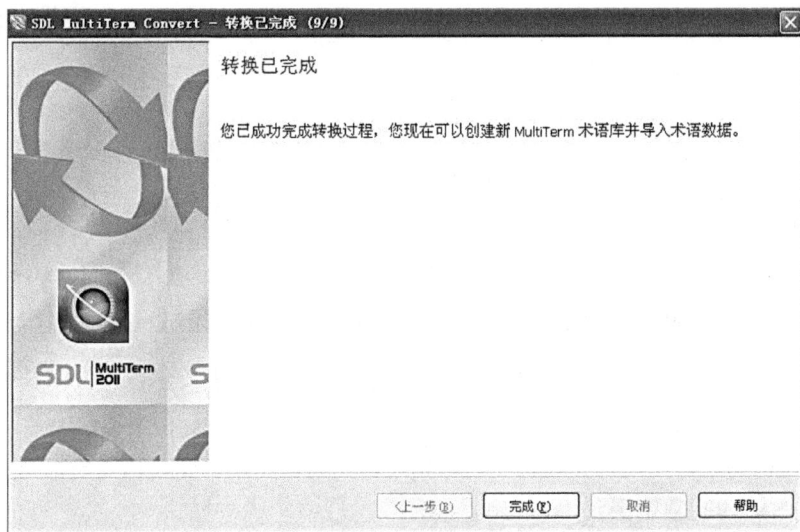

附录六　SDL MultiTerm Convert 中文帮助第二次修改

You are here: Home > SDL MultiTerm Convert > 关于 SDL MultiTerm Convert

关于 SDL MultiTerm Convert

SDL MultiTerm Convert 是一个可让您将术语数据转换为 MultiTerm XML 格式（MTF. XML）的向导。它一次只能转换一个输入文件，生成 MTF. XML 文件和术语库定义文件（即 XDT 文件，随后会用于术语库的创建）。转换数据后，您可以将 MTF. XML 文件 导入 MultiTerm 中。

处理的数据格式

您可以将以下任一数据格式的文件转换为 MTF. XML 格式：

- **Microsoft Excel**（XLS 文件）。
- **电子表格和数据库交换**。这些文件可以是制表符分隔文本文件（TXT 文件）或 CSV 文件。
  - **MultiTerm 5**（MTW 文件）。
  - **OLIF XML**（开放式词典交换格式）。
  - **SDL Termbase Desktop**（TDB 文件）。
  - **SDL Termbase Online**（MDB 文件）。
  - **TermBase eXchange** 格式（TBX 文件）。

相关主题

SDL MultiTerm Convert 输出文件

准备用于转换的文件

转换文件

如果您已按联机帮助中的步骤操作，但仍有问题，请通过以下网址联系 SDL 支持人员：

http：//www. sdl. com/en/language-technology/support/。

You are here：Home > SDL MultiTerm Convert > 准备用于转换的文件

准备用于转换的文件

转换之前，不同文件类型的术语数据必须符合以下不同条件，否则转换失败。

文件类型	详　　情
Microsoft Excel	Microsoft Excel 文件（XLS）必须符合以下前提条件： ● 所有数据都 **必须** 位于工作簿的第一个工作表上。 ● 工作表的第一行 **必须** 包含各列语言的名称（又称标题字段），如英中术语表的第一行 A 列必须输入"English"，B 列必须输入"Chinese"或"中文"。 工作表的第一行还可以根据需要输入其他列数据的类型，如 definition，context，note，graphic 等。 ● 表中数据之间不能存在空列，否则转换过程将在空列停止。 若要将术语数据导入现有术语库中，而不是创建一个新术语库，请确保各列的标题字段与现有术语库具有完全相同的标题字段。 SDL MultiTerm 直接支持 Microsoft Excel 2002/3。 更高版本和 Excel（XP）的用户 **必须** 按以下步骤准备用于转换的文件： 1. 将术语数据另存为逗号分隔值文件（CSV）或 XLS 文件。 2. 使用 SDL MultiTerm Convert 来转换文件。 Microsoft Excel 97 和 Microsoft Excel 2000 的用户 **必须** 按以下步骤准备用于转换的文件：

续表

文件类型	详　　情
	1. 将 Microsoft Excel 97 中的术语数据另存为制表符分隔文件（TXT）。 2. 用 Unicode 文本编辑器打开 TXT 文件，并将其另存为 UTF-8。
SDL 术语库文件	确保已在操作系统级安装了对 MultiTerm 数据库文件中所有非西方语言的语言支持。否则，SDL MultiTerm Convert 将无法正确转换这些语言字段。
Multi Term 5	确保已在操作系统级安装了对 MultiTerm 数据库文件中所有非西方语言的语言支持。否则，SDL MultiTerm Convert 将无法正确转换这些语言字段。 若 MultiTerm 5 文件（MTW）包含图形，则这些图形必须位于 ＊.mtw 数据库文件所在的相同文件夹中，因为 MultiTerm 5 术语库设置中指定的路径将不予使用。 程序可处理以下格式的图形： ● BMP ● GIF ● JPG ● PNG ● WMF 如有受 SDL MultiTerm 5 支持的其他格式图形，您应将其转换为上述格式之一。
电子表格或数据库	转换 TXT 或 CSV 文件之前，文件首行必须包含各列标题字段中的信息，且文件须为 UTF-8 格式。 若要将文件保存为 UTF-8 格式，请用支持 Unicode 的文本编辑器打开文件，并将其保存为 UTF-8 文本格式，如 Microsoft Notepad。
OLIF XML 或 TBX	SDL MultiTerm Convert 将按文件的本机格式进行处理。

相关主题

关于 SDL MultiTerm Convert

SDL MultiTerm Convert 输出文件

转换文件

如果您已按联机帮助中的步骤操作，但仍有问题，请通过以下网址联系 SDL 支持人员：

http：//www.sdl.com/en/language-technology/support/。

如果您对文档有反馈意见，请联系：techcomms@sdl.com。

主题：准备用于转换的文件 发布日期：23-Jan-2012

You are here：Home > SDL MultiTerm Convert > 转换文件

转换文件

开始之前，您必须准备用于转换的文件。请参阅准备用于转换的文件。

1. 在 Windows 中单击**开始**按钮，然后选择**程序 > SDL > SDL MultiTerm 2011 > SDL MultiTerm 2011 Convert**。

2. 选择"新建转换会话"，单击"下一步"，设置此次转换，或者选择"加载现有的转换会话"，利用以往的转换设置。

3. 选择需要转换的文件类型。

4. 点击"浏览"，选择要转换的输入文件。程序将自动生成与它名称相同但格式不同的输出文件、术语库定义文件和日志文件，单击"下一步"。

5. 视您在第 3 步所选的文件类型而定，您将：

对于 Microsoft Excel 文件：

A. 指定列标题。设置**每一列**标题字段的类型(索引字段、说明性字段或概念 ID)。

如标题字段是术语语言的名称，则 必须 在"索引字段"的下拉菜单中选择具体的语言类型， 如下图所示 ：English (United States)， Chinese(PRC)，单击"下一步"；

如标题字段是"术语定义"等其他类型，则在说明性字段下拉菜单中选择其属性，然后单击"下一步"。

B. 创建条目结构。如果需要转换的术语数据中没有说明性字段（如"术语定义"等），则单击"下一步"（见下图）。

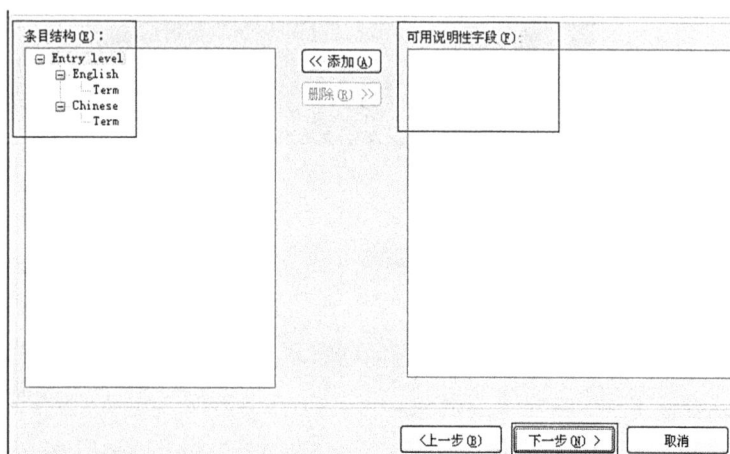

如果有（见下图），则需要设置其在术语条目结构中的位置。在左侧"条目结构"中选择一个字段层，然后在右侧"可用说明性字段"中选择需添加至该层的说明性字段，点击"添加"。

对于 MultiTerm 5 文件:

C. 分配区域设置。请参阅分配区域设置。

D. 自定义条目结构。请参阅自定义条目结构。仅在您选中**分配区域设置**页面上的**自定义条目结构**选项时,此选项才可用。

E. 修改字段标签。请参阅修改字段标签。仅在您选中**分配区域设置**页面上的**自定义条目结构**选项时,此选项才可用。

对于数据库交换格式文件的电子表格:

F. 指定数据的分隔方式。

G. 指定列标题。指定列标题。

H. 创建条目结构。请参阅创建条目结构。

对于 OLIF XML 文件:

I. 指定数据的处理方式。请参阅指定处理选项:XML Convert。

J. 指定字段类型。请参阅指定字段类型。

K. 自定义条目结构。请参阅自定义条目结构。

6. 转换完成后,您需要将数据导入 SDL MultiTerm 中。

相关主题

关于 SDL MultiTerm Convert

SDL MultiTerm Convert 输出文件

准备用于转换的文件

如果您已按联机帮助中的步骤操作,但仍有问题,请通过以下网址联系 SDL 支持人员:

http：//www. sdl. com/en/language-technology/support/。

如果您对文档有反馈意见，请联系：techcomms@ sdl. com。

主题：转换文件 发布日期：23-Jan-2012

附录七　SDL MultiTerm Convert 中文向导第二次修改

3/9

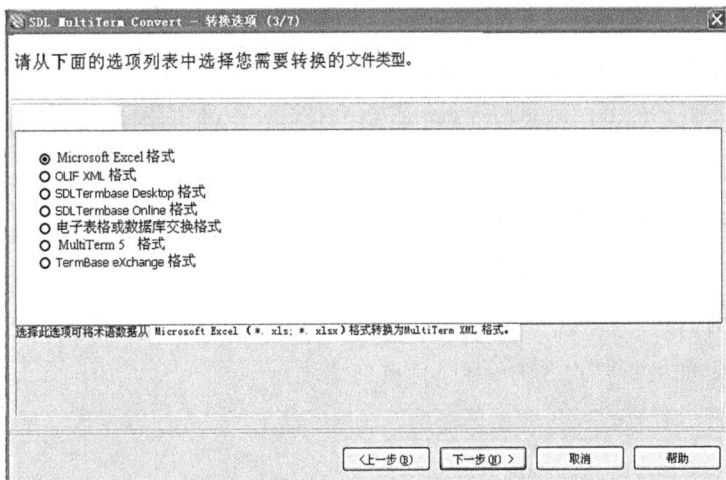

7/9

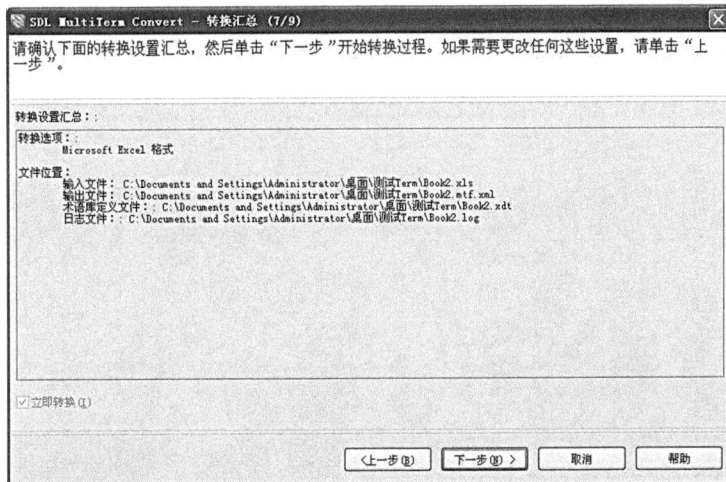

附录八　测试后采访

测后问题：

1. 您如何评价此次任务完成情况？满意？不满意？什么原因？

2. 您在建术语表(或转换)时，为什么这样操作？

3. 您如何评价该帮助手册？以后如需要使用该软件，遇到问题还会读它吗？如不用则采取何种方法学习软件？它的可用性如何？或它能不能帮助您来操作软件？

4. 该帮助主要有何问题？

5. 在读该帮助手册时，除了专业术语难懂外，您还有没有其他方面的困难？

6. 如果需要改进该手册，您有何建议？

后　　记

　　本书主要源自本人 2013 年的博士论文，在此付梓之际，首先感谢我尊敬的导师——解放军外国语学院的孙致礼教授。孙教授是英美文学翻译的大家，能够师从孙教授从本科、硕士到博士学习翻译实在是人生的一大幸事。他炉火纯青的翻译造诣和对翻译之道的孜孜求索为我的人生树立了光辉的榜样，虽然我生性愚钝没有从事文学翻译，但是对学问与真理的执着追求是我从孙教授那里学到的最宝贵的精神财富。其次，我要感谢我的学长上海外国语大学的韩子满教授，是他点拨我关注本地化这一新兴领域，并对我的论文写作提出了许多中肯而宝贵的真知灼见；我还要感谢上海外国语大学的杨仕章教授、孙会军教授，南京大学的蔡新乐教授，广西大学的严辰松教授，上海交通大学的胡开宝教授，战略支援部队信息工程大学的许宏教授，黑龙江大学的吴承义教授，浙江工商大学的濮建忠教授，以及战略支援部队信息工程大学的陈昕博士。另外，我还要感谢所有参与文档可用性测试的我的学生，他们是：华北水利水电大学 2011 级科技英语专业的张涵、王民辉、刘明、李亚博、陈慧杰、王洁茹、郭晶、唐萌、吴盼盼、钱雨、许自芳、李庆、李芳芳、高梦真、胡欢欢、王继永、姚灵慧、程浩源、苏丹、边万方，以及 2011 级商务英语专业的雷贯申、王明喆、史帅超、王璐、刘心怡、魏田田、张凯茜、李丹丹和王现锐。没有这些师友的无私帮助，我是无法完成这项艰巨的博士研究任务的。最后，我要感谢我的家人对我的长期支持与照顾，特别是我的妻子和岳父母在我去北京大学访学期间照顾幼子，为我解除了后顾之忧。正是所有亲人对我的坚定支持才使我终于完成了博士学业，实现了人生的升华。

此时此刻，我再次想起了毛泽东主席的《七律·长征》：

红军不怕远征难，万水千山只等闲。

五岭逶迤腾细浪，乌蒙磅礴走泥丸。

金沙水拍云崖暖，大渡桥横铁索寒。

更喜岷山千里雪，三军过后尽开颜。

人生亦如是……

马　嘉

2019 年 5 月